函館人

中村嘉人

言視舎

本書を先に逝ったわが子イズミに捧げる

はじめに

この春、私は八十三になった。その頃からだが、辛口の評論家として知られる鷲田小彌太さんが、「私のハコダテ」を書けと言い出した。鷲田さんは長いつきあいの畏友だ。申し遅れたが、私は一九二九年、北海道は函館の生まれである。夏になると、これまた親しい仲の「日刊ゲンダイ」編集長の鈴木義郎さんまでが、しきりに同じことを言い出した。

〈こりゃ、オレもいよいよ、死に目が近いと思われたな！〉

が、わけを聞くと、そうではなかった。

近頃の北海道生まれの若い人達にとって、函館は異空間らしい。この古い港町には、北海道のどの町にもないにおいと言おうか、独特な雰囲気がある。

「だからこそ書け」

御両人はそう言う。

ご承知のように、二百数十年もの長い間、世界に門戸をとざしてきた日本が開港にふみきり、自由貿易を開始したのは一八五九（安政六）年のこと。下田・箱館の開港はその五年前、一八五四（嘉永七）年。だからむかしの函館（現在の西部地区）には明治・大正・昭和初期の懐しい洋館が残っているが、しかしこの町のにおいは、それらの洋館がかもし出す文明開化のお洒落《しゃれ》なにおいだけではない。

函館湾の船上から眺めれば一目瞭然だが、旅行者はまずいくつもの坂道が、青海原に屹立《きつりつ》する臥牛山《がぎゅうざん》（函館山）のいただきに向かって並んでいることに気づかれるはずだ。どっしりとおちついた坂、生活臭のにじむ小さな坂、潮の香にむせる陽のあたる坂、廃れたように静かな坂……。それらの坂道は、開港後にできたわけではなく、開港前から長い歳月をかけてできたものだ。どの坂道にも名前がある。たとえば魚見《うおみ》坂は魚群が見える坂、船見《ふなみ》坂は出船入船が見える坂、姿見《すがたみ》坂は遊女のあで姿が見える坂。大三《だいさん》坂は大三なる旅館があった坂、この坂の上の小さな坂がチャチャ登り。

チャチャとはアイヌ語のお爺さんのこと。老父のように腰をまげなければ登れない急な坂だから、この名がついた。

坂だけではない。さらに目立つのは、緑したたる山の中腹にイラカを波打たせている威厳にみちた大きな寺院群である。西の方から、主な寺を挙げれば、

国華山　高龍寺　（曹洞宗）

護念山　称名寺　（浄土宗）
経王山　実行寺　（日蓮宗）

いずれも古い寺だが、最古の高龍寺が函館のはずれの亀田村にできたのは、一六三三（寛永十）年であった。

太古、函館山は離れ島だった。やがて波が運ぶ砂で砂州ができ、対岸の亀田側とつながった。このくびれた幅の狭いところは、江戸時代後期から盛んに埋立てされ、今のような帯状の町並みができた。私の足でものの十分もあれば、港のある内海側から外海の大森浜まで、歩いて横切れる。私が育った家はこの区画の山に近い方にあった。

あれはたしか一九六〇年のチリ地震による津波が来たときのことだが、その帯状の町がゆっくり水に沈み、私は函館山が津軽海峡にポッカリ浮かんだ島だとよくわかった。

こういう地形上、昔から山麓の一帯は井泉があって飲み水にこと欠かなかったが、そこから東、亀田までの帯状の土地は、掘っても塩水しか出なかった。

亀田村は亀田川の水が飲料に適し、古くから人が住んでいた。

函館が十五世紀のコシャマインをはじめとするアイヌ民族の蜂起に遭ったとき、住民は命からがら亀田八幡宮の一帯に逃れた。八幡宮の淵源は室町時代初期、一三九〇（明徳元）年と伝えら

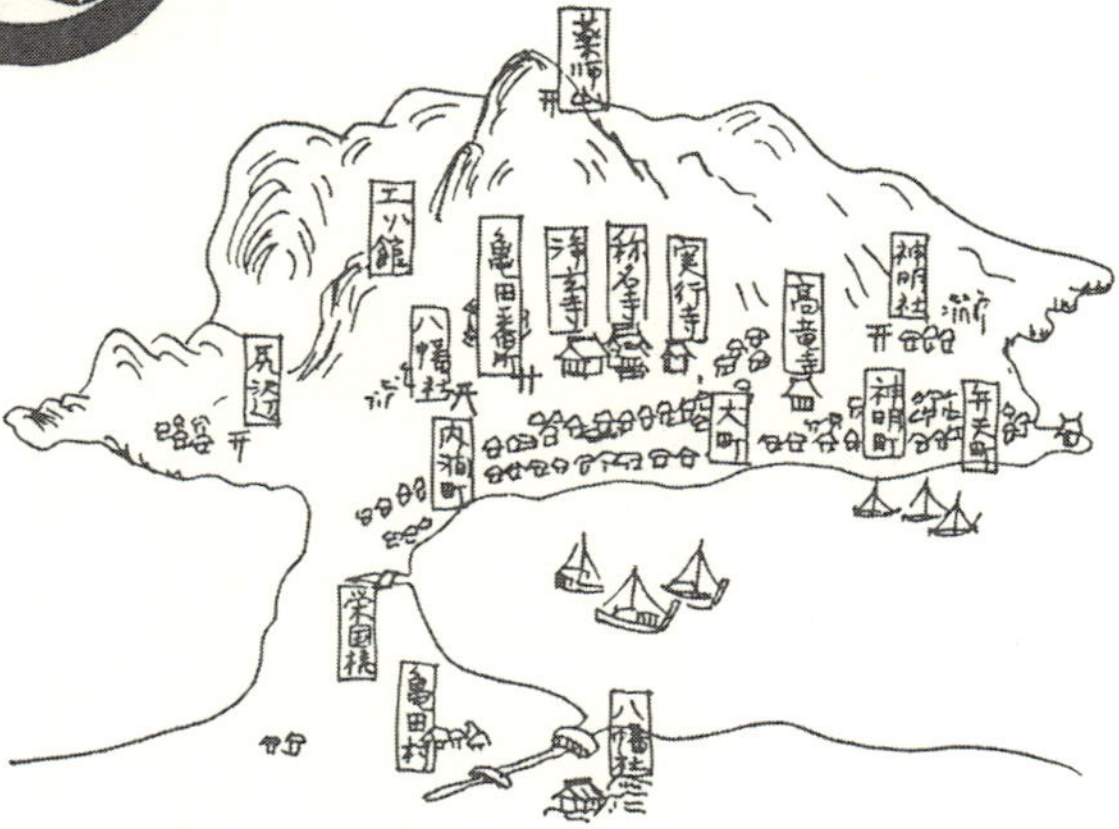

文化年間の箱館

称名寺

れている。私が子供の頃に通学した函館師範学校（現教育大）附属小学校は、ここの鎮守《ちんじゅ》の森のそばにあった。本殿の羽目板には箱館戦争のときの弾痕が残ったままだった。敗れた榎本軍は、最後に神前で、敵将黒田清隆に無念の降伏を誓約した。

ついでながら、「箱館」が「函館」になったのは、かのペリー艦隊が初めて箱館に入港した一八五四年の十五年後、一八六九（明治二）年。箱館戦争に勝利をおさめた明治政府に改字を命じられて以来である。

称名寺が亀田にできたのは、高龍寺より少しおそく、一六四四（正保元）年。どちらもやがて箱館へ引越すが、称名寺は徳川家と同宗の関係で、三つ葉アオイの紋を用いている。箱館奉行所とは縁が深い。そういう事情から、一八五九年に本格的な開港がはじまると、ここに最初の英国領事館が設けられ、初代領事ホジソンがフランス領事も兼ねたため、山門にユニオンジャックと三色旗の二つの国旗がひるがえった。箱館戦争のときは、土方歳三ひきいる新撰組の本陣になった。実はここはわが家の菩提寺で、江戸時代後期の有名な豪商・高田屋嘉兵衛一族の墓もここにある。

読者にはもうおわかりいただけたかと思う。函館は北海道の内陸都市とは、その成り立ちからいって、性格がちがうのである。誤解を恐れずに言えば、官都の札幌や軍都の旭川のように、明治政府によって新しくつくられた都市ではない。古くから交易基地として知られた港町なのである。かつまた江戸時代後期になると、徳川幕府が直轄し、国際都市化のために鋭意力をそそぎ、整備した幕領である。ここには私が冒頭で述べた北海道のどの町にもないにおい、つまり独特な雰囲気がある。それはこの町自身がうけついできた歴史が発散するにおいだ。函館が東京のシンクタンク調査で、毎年「魅力のある都市」の全国第一位、もしくは二位にランクされるのは、そのせいだろう。

この町を舞台にして幾多の人間ドラマがくりひろげられた。

私は以下にそのドラマのいくつかを語りたい。

二〇一二年　春

目次

序章　宇賀の浦

第一話　宇賀の浦波音高く

どこから話を始めたらいいだろうか。

そうそう、前話で「函館は古くから世に知られた港町だった」と述べた。せっかくだから、むかしむかしの函館の宇賀《うが》の浦から話を始めよう。

函館にはすでに鎌倉時代に本土から商船が来ていた。室町時代（一三九二〜一五七三）には、現在の函館東部海岸（下《しも》海岸）産の昆布が「宇賀の昆布」の名で、全国の名産品の一つに数えられていた。なにしろ昆布は、京料理になくてはならぬ一品。かの粋人、足利八代将軍義政が賞味した上質の昆布も、もちろん宇賀産のそれである。

余計な口出しをするようで恐縮だが、能、狂言、水墨画、茶道、華道など、日本を代表する文化の数々は、室町時代にそのルーツをもつ。料理とて例外ではない。それらが円熟したのは、風雅を友とした義政の時代、いわゆる東山文化の時代である。政治的にはダメ将軍の義政が現実逃避した先が京都東山山荘で、ここに造営された二層の観音殿が国宝・銀閣寺である。

宇賀という地名は、今も函館の町名に残っている。大森町から海岸沿いに湯の川温泉へ行く途中の、石川啄木小公園のあるあたりが、宇賀浦町である。

この海岸の様相は、私が旧制函館中学の生徒だった頃とは、すっかり変わってしまった。その頃は、堤防から波打ちぎわまで、幅の広い白砂の浜であった。堤防の内側は砂丘だった。ここを散策するのが好きだった啄木が、

砂山の砂に腹這ひ
初恋の
いたみを遠くおもひいづる日

と詠んだ、大きな砂丘であった。

私が学んだ旧制函館中学は、砂丘を越えた時任《ときとう》牧場跡の丘にあった。白楊が丘、通称ポプラが丘である。校舎の二階の窓から海が見えた。宇賀の浦であった。

私がその名を耳にしたのは、入学したその日である。なにしろ、詩人・土井晩翠作の校歌第三番の歌い出しが「宇賀の浦」なのであった。

さてそれからというものは、われわれ新米一年生は、運動部の上級生の叱咤《しった》のもと、毎日、応援歌を歌わせられた。その応援歌の第一声が、これまた「宇賀の浦」であった。

あれから指折り数えれば、はや七十年。今も当時のクラスメートの生き残り達と集まって酔えば、

〽ウガーあノ　ウラナーミい　音タカク
ポプラが丘にこだまする
イザーや函中健男児
…………

いずれも八十路をとっくに超えた皺くちゃの白髪ジジイどもが、目をうるませ、危《あぶ》なげにふらつきながら放歌高吟するさまは、異様である。滑稽である。笑止千万《せんばん》と嘲られようとも、やむを得まい。

ともあれ、わが幻影の港町、中世の函館は、上方交易の拠点であった。

第二話　長崎タワラモノとエゾの三品

「はじめに」のところでふれたが、十五世紀中葉のいわゆる「コシャマインの乱」、続いて十六世紀初頭の「蝦夷蜂起」と、アイヌ民族のたび重なる攻撃で潰滅した箱館（蝦夷蜂起で亀田も衰退）が室町時代初期（十四世紀）の繁栄を再びとり戻したのは、江戸時代に入ってから、とりわけ中期（十八世紀）以降である。それまで箱館湾に入港する商船は、復活が箱館より早かった亀田の河口に着船していたが、一七〇三（元禄十六）年の大風雨でその亀田川が洪水となり、河口に土砂が堆積《たいせき》したため、再びもとの箱館、すなわち現在の函館西部側にともづなをつなぐようになった。このときの洪水で多数の家が流出、高龍寺も倒壊した（そのため高龍寺も称名寺も箱館へ引越した）。

余談になるが、アイヌの攻撃で箱館を中心にした日本人地（和人地）潰滅後のことにふれておく。追われた日本人は上ノ国・松前の和人地へ逃げこんだ。以後、ここが和人勢力の中心となる。東は鵡川《むかわ》、西は余市《よいち》まで住みついていた和人も撤退した。しかし十六世紀後半、松前藩が確立した頃から、次第に失地を回復する。一六一三（慶長十八）年には亀田を蝦夷地と和人地の境とし、亀田番所を設けた（西の境は熊石番所である）。

箱館に入港する船は、年々歳々、増える一方であった。

もちろん、それは箱館ばかりではない。いわゆる天下の台所の大坂と、「エゾの三港」といわれた松前・江差・箱館を結ぶ商船は、年を追うごとに増えていった。

一体、ナゼ増えたのか？

いささか固苦しい話になって申しわけないが、そのわけを、ざっと述べておきたい。

まずは長崎俵物の需要膨張である。

当時の日本、つまり鎖国日本における外国貿易の唯一の窓口は、長崎だった。

「たわらもの」とは、長崎から輸出された海産物のうち、俵詰にした煎りナマコ、干しアワビ、フカひれのことである。昆布もこれに準じた。

かつて日本は金・銀・銅の世界的大産地だったが、長期間にわたる採掘と海外流出のため、さすがにその頃になると枯渇しはじめ、代わりとして俵物が中国との貿易代金の決済に使われるようになった。

幕府は一七八五（天明五）年、大坂と箱館に俵物役所をおいた。

しかしそれ以上に、北海道の海産物が求められる切実な事情があった。

俗に「エゾの三品」といわれた鮭・鰊・昆布は、この三品がなければ江戸期の食生活がなりたたないほど暮らしに密着していた。サケは製塩法の発達により、従来の干物だけではなく、塩引きにして北前船に積みこみ、大阪めがけて大量輸送された。

ついでながら、北前とは日本海のことである。当時の航路は西廻りが主で、エゾの三品を満載した北前船は、日本海を通って瀬戸内海に入り、大坂に至った。積荷はそこから全国に売りさばかれた。東廻り（太平洋）は稀だった。

ニシンは特に京都や大坂の人の嗜好に合い、自家で煮たり、昆布巻きにしたりして食べた。

しかし最も関西人の食生活に深くとけこんだのは昆布である。いわゆる「関西風」といわれる和食の味つけの基本は、昆布ダシだからである。

けれども北海道の海産物は、単に食品としてゆき渡っただけではない。重要なのはニシンを原料にした魚粕、つまり肥料としての魚粕である。これがなければ木綿が育たなかった。

函湾全景(函館市中央図書館蔵)

第一章

世界一の港

第三話　快男児の上陸

当時の日本の総人口はざっと三千万人といわれている。江戸は十八世紀初頭には武士が約五十万人、町人が五十万人、合計百万人の人口を擁する世界最大の都市になっていた。京都が約四十万人、大坂が三十五万人といわれている。この外、有力藩の主要城下町や、殿賑をきわめた経済都市は二万人から三万人の人口を有した。

これらの人びとが着る衣服は、ほとんどが木綿であった。

肥料がなければ、木綿の大量生産は不可能だった。

読者はもうおわかりだろうが、北海道の産物は江戸期の社会を支える「衣・食・住」の三つのうち、二つにまで大きな影響力をもち、北前船でいくら運んでも追いつかないほど、大量に求められたのである。

箱館はこれらの豊富な産物の集散基地として、江戸時代中期以降、その重要性をいや増すばかりであった。

その北海道を、幕府は前後二回にわたり、直接統治した。第一回は一七九九（寛政十一）年から一八二一（文政四）年までの二十三年間で、箱館を統治の根拠地にした。くわしくは後述するが、箱館の飛躍的な発展は「箱館奉行所」の設置と深いかかわりをもっている。

この時期に箱館を舞台にして一大活躍したのが淡路島生まれの快男児・高田屋嘉兵衛（一七六九～一八二七）である。

一七九六（寛政八）年初夏のこと、兵庫から酒、塩、綿布、米などを満載した一五〇〇石積の大型船・辰悦丸《しんえつまる》が、日本海の激浪を乗り越え、箱館湾へ入港した。舳先《へさき》には、腕組みをした逞しい嘉兵衛がすっくと立って鋭い眼を光らせ、港内を見まわしていた。鯨の群れが汐を吹いた。このとき嘉兵衛、二十八歳であった。

彼は当時、日本最大の商船、辰悦丸の船主だった。同時に稀有の名船頭でもあった。彼の人なみすぐれた能力は、それにとどまらない。

申すまでもあるまいが、この時代は、アイヌ民族の反乱を鎮圧した松前藩のおひざもと、松前が北海道の玄関だった。だから本土の船持商人、廻船問屋は誰もが先ず松前、あるいはその外港としての江差をめざした。

しかし嘉兵衛だけは違った。

彼は新天地の箱館に着目したのである。辰悦丸を建造するや、迷うことなく箱館へ向かった。幕府が北海道を直接統治する三年前のことだ。

嘉兵衛こそは先見力の達人であった。

彼はこののち箱館を根城にして、商人として一大飛躍する。

嘉兵衛がこの時期に箱館へやって来たのは、天の配剤とでも言おうか、日本国の運命を左右するほどの大事件が、彼のような快男児の到着を待ちうけていた。

（ともあれ、それはこの後の話である）。

今は話をもとに戻そう。

箱館湾は聞きしにまさる天然の良港であった。

第四話　世界一の港

嘉兵衛の活躍を伝える前に、先ず彼が惚れこんだ天然の良港、箱館湾の形状について是非ともつけ加えておきたい。

一八五四（安政元）年、徳川幕府はペリー提督との間に日米和親条約を締結し、箱館、下田の二港を開港（小開港）した。「はじめに」でもちょっとふれたが、提督は条約締結の翌月には、早くも艦隊をひきいて箱館湾へ入港した。彼はその著『日本遠征記』のなかで、

「広々とした美しい箱館湾は、船の入りやすいことと安全な点では、世界一立派な港の一つだ」

と、絶賛している。

後述する英国スコットランド出身の天賦の船乗り、ジョン・バクスター・ウイル船長が箱館湾に投錨したのは、六年後の一八六〇（万延元）年のこと。世界中の港を股にかけた海千山千の彼もまたその著『回想録』に、

「箱館は日本の港の中で最も整備された港であった」

と、折紙をつけている。

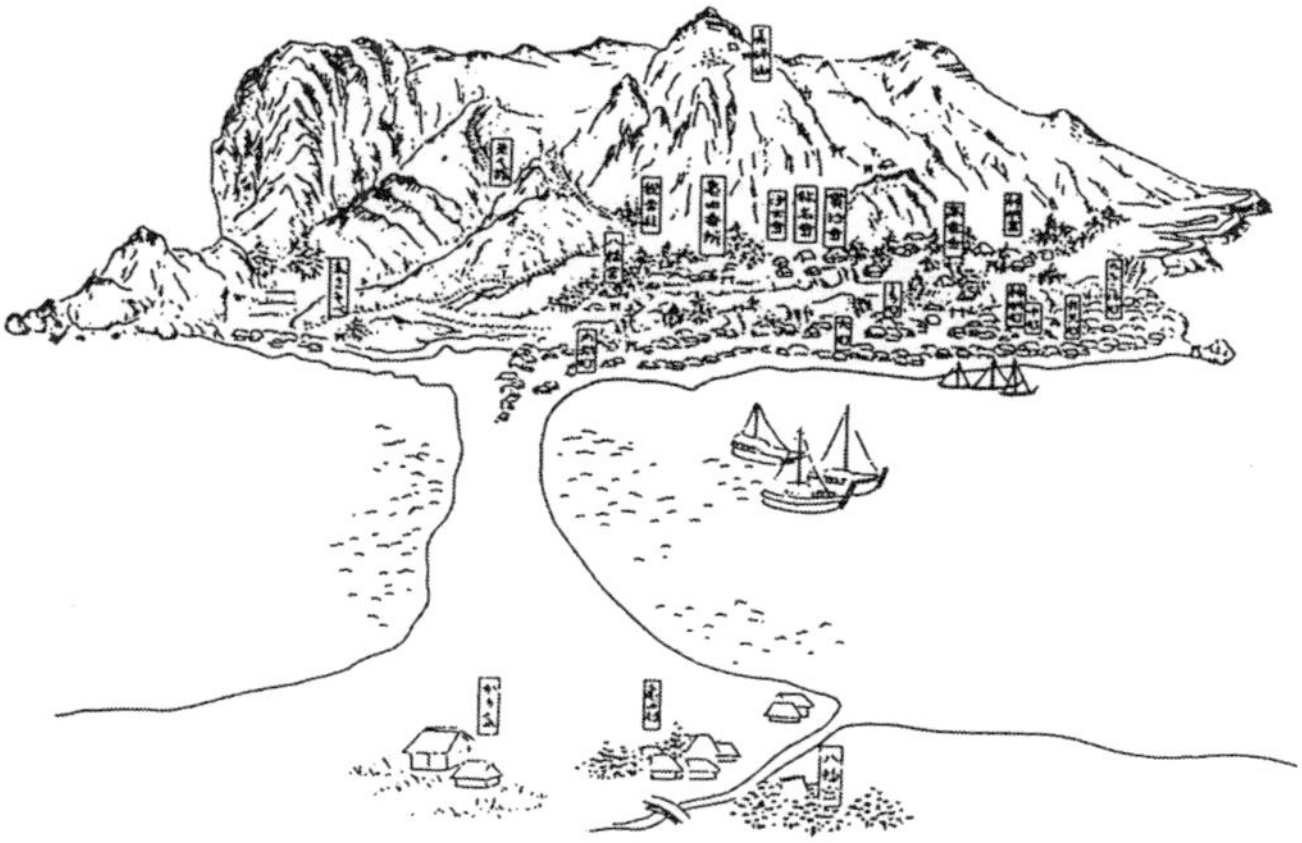

江戸後期の箱館

ウイルは今も、箱館を第二の故郷に選んだ英人スコットや、トンプソンや、ウイルソンといった友人たちと共に、海を望む函館外人墓地の丘に、静かに眠っている。

ペリーに先立つことおよそ六十年前、辰悦丸で入港した嘉兵衛も、初めて見る箱館湾のたたずまいには、いたく感動した。そのときのことを、私が尊敬してやまない司馬遼太郎氏は、嘉兵衛を主人公にした傑作歴史小説『菜の花の沖』のなかで、こう描いている。

「船乗りにとって、何ともいえずいい姿の入海だった。細長い腕のような函館半島が沖にむかって突き出、その先端が拳《こぶし》になっていて、それが力づよく内側にまげられている。これによって大湾の中に小湾ができているのが、箱館のみなとである（略）こんにちの呼称でいうと函館半島の先端の山は函館山と言い、あるいは牛のねそべったような形状から臥牛山などとよばれているが、嘉兵衛のころには、

『薬師山』

とよばれたりした。

函館山は三峰から成っている。御殿山、薬師山、立待山《たちまちやま》がそれで、とくに薬師山は山中に薬師堂があり、金銅仏《こんどうぶつ》七体を安置している。信仰ぶかい船乗りたちは海上から山をおがんだりした。

嘉兵衛の船は、沖からちかづいてきてその山を半周し、港に入った。」

緑したたる函館山のふもとに、紺碧の海が深く入りこんでいる美しい箱館港の姿が、手にとるようだ。

司馬さんはそのときの嘉兵衛の胸のうちをこう書きとめている。

「外洋の風浪が来ず、碇綱《いかりづな》が要らないというのは、船乗りにとって、なによりありがたいことではないか」。

高田屋嘉兵衛の碑

第五話　ロシアの脅威

さて、皆さんにあらためておことわりしておきたいことがある。

いうまでもないことだが、本稿は固苦しい歴史を語るのが目的ではない。「はじめに」の結びで述べたように、これまでに函館を舞台にしてくりひろげられた人間ドラマを語るのが主旨である。

最初にとり上げるのが高田屋嘉兵衛だ。

しかしそうは言っても、当時の日本をめぐる国際環境や、当時の日本政府、つまり徳川幕府の対応を語らずには、肝心の嘉兵衛の活躍を伝えることができない。

そういうわけだから、どうか固苦しいことをときどき述べるのもお許し願います。

もう一つ。人間ドラマである以上は、それを伝えるのに、嘉兵衛のような実在の人物の生きざまと真正面からとり組んだ作品（歴史小説）の助けを借りない手はなかろう。前話では司馬さんの『菜の花の沖』（初出・昭和五十四年四月〜五十七年一月「サンケイ新聞」連載）から嘉兵衛の言動を引用させていただいたが、嘉兵衛の時代に続く幕末にかけての函館を舞台にした歴史小説にも、私が感動した傑作がある。たとえば、

船山馨『蘆火野』（初出・昭和四十七年四月〜四十八年六月「朝日新聞」連載）

子母沢寛『行きゆきて峠あり』（初出・昭和四十一年四月〜四十二年三月「週刊読売」連載）

などだ。

筆がすすむにつれ、これらからも随時、引用させていただくことにしよう。ともあれ、先ずはこの時代の背景について、ざっとふれておく。

江戸時代後期から幕末にかけて、つまり十八世紀末から十九世紀半ばに至るおよそ八十年ほどは、世界史的にみれば「地球全体が資本主義体制に巻きこまれる激動の時代の幕あけ」にあたる。日本も周辺のアジアの国々も例外なく、欧米の資本主義列強の武力による市場開放の干渉を受けた。

ご承知のように、インドの植民地化に成功したイギリスが、中国に対して武力を行使したアヘ

ン戦争の勃発が一八四〇（天保十一）年。まもなく、日本もまたアメリカ艦隊ペリー提督によって太平の夢を破られる。

一八五三年の「黒船来航」は日本中を震撼させた大事件だが、しかし外圧はもっと前から日本列島に押し寄せてきていた。

最初に被害を受けたのは当時「蝦夷地」と呼ばれていた北海道である。

国際摩擦の火花を点じたのはロシアだった。ロシアは十三世紀に蒙古人に征服されたものの、やがてモスクワを中心に勢力を回復。十七世紀の初め、ロマノフ王朝時代に入ってからシベリアにまで領土をひろげ、また一七一三年にはピョートル大帝がネヴァ河口に新都サンクトペテルブルクを建設し、バルト海に出口をつくった。帝国は女帝エカテリーナ二世（一七二九〜一七九六）の代に絶頂期を迎え、領土は太平洋に達し、一七九二（寛政四）年頃からさらに南下して日本の領土をおびやかすに至った。

このとき日本とロシア、すなわち国家間の緊張、紛争の調停役として歴史の舞台に登場したのが高田屋嘉兵衛である。嘉兵衛こそ、一触即発の危機を回避させた快男児だった。

第六話　北海道の防衛

時代背景について、もう少しふれておこう。南下するロシアの脅威に対して、徳川幕府がただ手をこまねいていたわけではない。世論の盛り上がりもあった。ロシアの侵略の危険性を警告する工藤兵助『赤蝦夷風説考』（一七八三）、林子平『海国兵談』（一七八六）が有名だ。『赤蝦夷風説考』は幕府老中・田沼意次に献呈された。一七八五（天明五）年、幕府は北海道（当時は蝦夷地と呼ばれていた）に調査隊を派遣した。その後の状況をあらあら述べておこう。

ロシアの使節が通商をもとめて初めて日本へ来たのは一七九二（寛政四）年。伊勢の漂流民大黒屋光太夫を乗せて、使節ラックスマンが根室に来航。ロシアはすでにシベリアからカムチャッカ半島へと進出し、千島列島のウルップ島に植民地を建設していた。

幕府は一七九七（寛政九）年、南部・津軽両藩に松前・箱館の守備を命じた。両藩の兵千余名が箱館に駐在。高田屋嘉兵衛が箱館の土を踏んだ翌年のことである。嘉兵衛はここに後に本店となる店を開設し、商いをひろげていった。

次いで幕府は九八年に百八十余名にわたる一大調査団を蝦夷地全域に派遣した。調査団は箱館

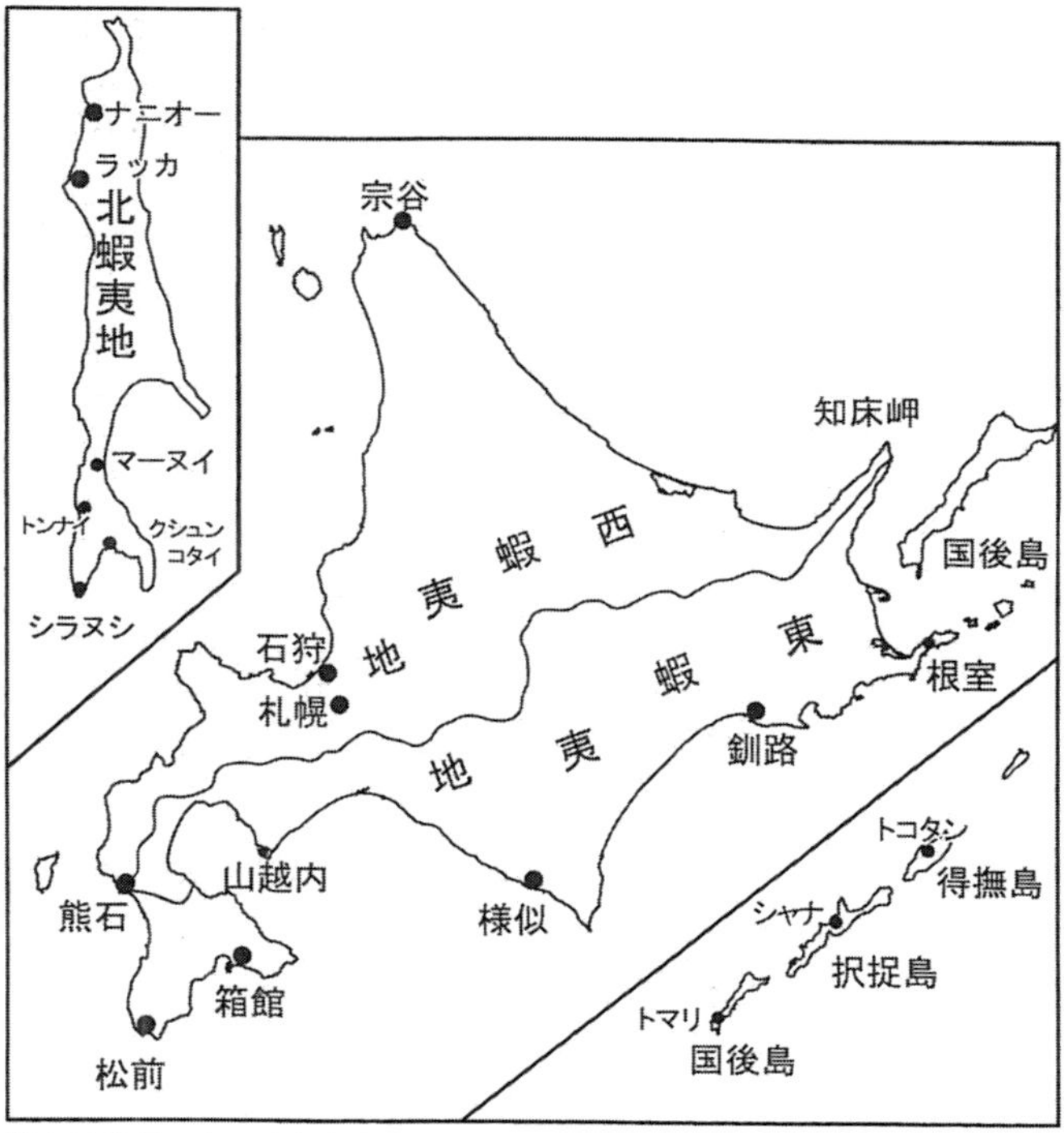

蝦夷地境界図(19世紀初期)

の浄土宗護念山・称名寺を宿舎にした。この調査団の中に、江戸期を通じて最大の探険家のひとりである最上徳内や、同じく近藤重蔵も加わっている。近藤はこの年、ウルップ島の隣のエトロフ島に上陸し、「大日本恵登呂府」の標柱を建て、日本の領土であることを示した。

調査団が江戸へもどって幕閣に調査書を提出するや、幕閣はおどろくべき速さで、北海道の歴史上、画期的な決定をくだした。すなわち翌九九年、この島を守る意欲にとぼしい松前藩か

高田屋嘉兵衛顕彰碑

ら支配権をとりあげ、東蝦夷地を直轄地とし、箱館を根拠地にして防衛と開拓に乗り出した。

いよいよ箱館が蝦夷地経済の中心になった。地獄の海とおそれられたクナシリ・エトロフ間の航路開発のため高田屋嘉兵衛を起用し成功したのはこの年である。

筆者は第三話に「嘉兵衛こそは先見力の達人であった」と書いたが、彼は箱館に腰をすえ、町造りに尽力し、ついに当代切っての豪商となる。

一八〇〇（寛政十二）年には、後に日本全図を完成する測量家、伊能忠敬が東蝦夷地を測量し、完成図を幕府に呈上した。

一八〇四（文化元）年、再び通商を求めてロシア使節レザノフが来航するも、幕府は拒否。腹を立てたレザノフの部下たちが、脅迫の目的で蝦夷地周辺を荒らしまわり、一八〇七（文化四）年にはエトロフ島の南部・津軽陣屋を武装船で襲撃し、住民を捕虜として連れ去り、利尻島では幕府の船に劫掠、放火。幕府はロシア船打払い令を出すとともに、ついに蝦夷地全域を天領として防衛につとめた。

翌〇八年、稀代の地理探検家の間宮林蔵が樺太を探検し、間宮海峡を発見した。

一八一一（文化八）年、ロシアによる北方襲撃の報復として、日本側がオホーツク沿岸を測量中のロシア軍艦ゴローニン艦長ら八名をクナシリ島にて逮捕。翌十二年、今度はロシア側がその報復として、副艦長のリコルドが折しも航海中の高田屋嘉兵衛を拉致。クナシリ島守備の南部藩士は上陸してきたロシア兵に発砲。

かくて日本とロシア、すなわち国家間の緊張は一挙に高まった。

第七話　ウラァ！　タイショウ！

さて、嘉兵衛のことだが、先述のとおり、彼は一七九九年、幕府役人近藤重蔵にたのまれ、苦心の末、エトロフ航路の開発に成功。ここに十七カ所の漁場を開いた（後に二十一カ所）。他に根室、幌泉にもそれぞれ十数カ所の漁場を経営した。これによって得た巨富を用いて、一八〇一年には箱館東部の湿地五万坪を埋立てた（現在の宝来町）。又、造船所も建設した。後にわが国最初の洋船を建造した続豊治《つづきとよじ》は、この造船所で養成された。

一八一二（文化九）年、嘉兵衛四十四歳のとき、降って湧いたような災難が彼を襲った。前年、ロシア軍艦ディアナ号艦長ゴローニンらがクナシリ島で幕吏に捕縛され、松前に幽閉されるという事件があった。同艦副艦長リコルドは、ゴローニンらの安否をさぐるため、付近を遊弋《ゆうえい》中であった。

嘉兵衛はエトロフ島から箱館へもどる途中、クナシリ島沖で同艦に遭遇。配下の水夫数名とともにカムチャッカへ拉致された。

嘉兵衛が家族にあてて残した遺書はこうだ。

「このたび、天運尽きて、異国へ行く。心配は無用だ。前世からの約束事だとあきらめている」

公儀への遺書には、こうしたためた。

「このたびロシア船に捕われ、むこうへ行くことになりました。この上は、両国平和を願い、尽力いたします」

嘉兵衛はカムチャッカでの幽閉生活の間にロシア語を学び、率直にリコルドと語り合った。司馬さんの『菜の花の沖』は、このときのいきさつはもとより、「裸の人間」としての嘉兵衛の卓越した人間性と魅力をいきいきと描いている。リコルドは嘉兵衛のウソのない言葉と度量に感服し、二人は固い友情の絆で結ばれた。

翌年、嘉兵衛は幽閉生活を解かれ、リコルドによってクナシリ島へ送還された。

嘉兵衛はゴローニン釈放に全力を尽し、遂に悪化した日露関係修復の大役をはたした。

最後に、ゴローニンを乗せたディアナ号が帰国のため箱館湾を出航するとき、リコルド以下すべての乗組員が甲板に整列し、

「ウラァ、タイショウ」

と、三度叫んで、嘉兵衛の尽力をたたえた。

いうまでもないが「大将」は商家の主人などを親しみをこめて呼ぶ場合の愛称である。私が子供の頃はまだその習慣が残っていた。嘉兵衛の部下の水夫たちも、日頃、頭領の嘉兵衛のことをそう呼んでいた。

「嘉兵衛は不覚にも顔中が涙でくしゃくしゃになった（略）足もとをよろめかせながら、
ウラァ、ぢあな
と、何度もわめいた。やがてディアナ号は、水平線のかなたに没した」（『菜の花の沖』より）

これで北方は静かになった。幕府は危機が一応去ったと判断して、蝦夷地の直接統治を中止し、松前藩にもどした。

第八話　ああ、豪傑！

筆をあらためます。

実は前話「ウラァ！　タイショウ！」を書いてからまもない日曜日の朝のことです。函館の古刹・称名寺の住職で、私と同じ昭和四年生まれの須藤隆仙師から、だしぬけに

「ゆうべ、東京の高田さんが亡くなりました」

という電話が入った。

「えっ！」
私は高田さんと、ついこの間、会ったばかりだ。一瞬、高田さんの鼻すじの通った大柄な顔がまぶたを掠めた。

『ペリー「遠征記」の絵』に描かれた称名寺

〈あの高田さんが……〉私は絶句した。

高田さんというのは、外でもないが、高田屋嘉兵衛の七代目の子孫、嘉七さんのことである。箱館高田屋一族の墓が称名寺の境内にあることはすでに述べた。本稿にはこの寺がこれからも何度か登場するので、嘉七さんの死因について語る前に、『菜の花の沖』以降に称名寺が歴史にきざんだエピソードをいくつか紹介しておきたい。

一八五四（安政元）年、アメリカ東インド艦隊司令長官ペリーは幕府との間に和親条約を締結するや、一路、箱館へ向けて出航。上陸して称名寺にも立ち寄った。

幕府は開国にそなえて再度、蝦夷地を直轄。ただちに箱館奉行所を再開。称名寺が仮本陣となり、旗本の英傑、堀織部正が奉行の一人として着任する。

翌五五年、いよいよ箱館開港。アメリカへ密航する新島襄が箱館へきたのは、そのすぐあと。

一八六八、六九（明治元、二）年の箱館戦争のときは、称名寺は新選組の本陣となった。土方歳三が三十五歳で壮烈な戦死をとげると、箱館の商人たちは称名寺に供養碑を建てた（その仔細は司馬さんの傑作『燃えよ剣』のフィナーレに描かれている）。この供養碑は今も境内にある。

嘉七さんのことに話をもどそう。彼は昭和七年生まれ。今次大戦敗戦の日は台湾でまだ中学一年生だった由。両親にともなわれて箱館へ引き揚げ、先祖代々ゆかりの称名寺に身を寄せた。

嘉七さんはわれわれ檀家総代仲間にこう弁じて、カラカラと笑った。

「と言えば聞こえはいいがネ、なに、居候だよ」。

偉丈夫というのは、たぶん彼のような男のことを言うのだろう。堂々とした体躯、ひいでた眉、大きな口……。

私はいつの頃からか、彼の容貌に高田屋嘉兵衛の面影を重ねて見るようになっていた。

嘉七さんは引き揚げの翌年、私の母校である旧制函館中学に入った。だから私の後輩だ。申し遅れたが、方丈の須藤さんと私は同期の仲。つまりわれわれ三人は同窓生である。

いやいや、なんたって気が合った飲ん兵衛仲間なのである。

この春の総代会のあとも、われわれは宝来町の嘉兵衛の銅像前の店、行きつけの「富茂登」から、これもお馴染みの「久美」、さらに「ミス潤」へとハシゴ酒をした。嘉七さんは例によって丼鉢でビールをあおったあげく、ふと顔つきを改め、「いくら酒好きでも、脳溢血で長患《わずら》いは御免だな」

さて、肝心な死因のことであるが、なんと嘉七さんは、夜中に自宅の階段から足を踏みはずして転げ落ち、頭を打って即死されたのだそうな。

嘉七さんの最期は、一見、無惨ではあるが、妙に私を納得させた。

〈やっぱり豪傑だ！〉

第二章　開港前夜

第九話　ヴァンダリア号の事件

寄り道をした。急いで話をもとに戻そう。ご承知のようにペリーが開国を迫るアメリカ大統領の国書をたずさえ、最初に軍艦四隻をひきいて浦賀に現われたのは一八五三（嘉永六）年。翌年には軍艦七隻で再来航。このときから時代は大きく動く。日本国をゆるがす未曾有の騒動がはじまり、二百五十年も続いた江戸幕府は急坂をころげ落ちる岩のように、それからたったの十五年で幕を閉じてしまう。一八六八（明治元）年のことである。

ペリー来航(函館市中央図書館蔵)

日本史のなかで、この幕末・維新期ほど多彩で魅力的な人物が活躍した時代は、そうザラにはなかろう。勝海舟、吉田松陰、高杉晋作、坂本龍馬、土方歳三など、いずれもひとすじ縄ではいかぬ個性的な人たちが東奔西走し、歴史のはざまを駆けぬけていった。

一方、ペリーだが、彼は幕府との間に箱館・下田の二港を開く約束をとりつけるや、ただちに江戸湾を出航。艦隊をひきいて箱館湾に入り、住民を仰天させた。何の前ぶれもなく現われた巨大な黒船に住民はすっかり脅えた。上陸した一行は、市内を詳細に視察して廻った。

このときたまたま箱館を通りかかった旗本の英傑、堀織部正《ほりおりべのしょう》の命を受け、急遽、アメリカ側との応待にあったのが、のちに五稜郭を築く武田斐三郎《たけだあやさぶろう》である。堀の一行はロシアとの国境策定の折衝のため、江戸から北蝦夷(樺太)へおもむく途中であった。武田は随員のひとりだった。彼はそのまま北方防衛対策と外国人応待の任務をおび、箱館にとどまることになる。

他方、幕府はペリーと条約を結ぶや、急ぎ箱館奉行所を再置した（翌年、松前を除く全蝦夷地を再び直轄地に）。初代奉行には堀の外二名を任命した。

米国艦隊碇泊中、二人の水兵が死亡した。艦隊の一隻、帆船ヴァンダリア号乗組員、レミック（十九歳）とウォルフ（五十歳）で、両名の墓は今も函館外人墓地にある。ヴァンダリア号のマドロスたちは、出帆するにあたり、追悼の弔歌をつくり、その詩を刻んだ石碑を墓のそばに建ててくれとたのんで去った。

外つ国の海辺に眠り、憩えかし舟人よ、憩えかし。汝が試練は果てたり。汝が友の舟人等は、このかたみをここに残せり。涙そそぐ人もありなん。幾年か雨風をしのぎ、祖国のためにいのちを捧げし人に。

現在、詩は英和両文で彫られている。外人墓地は称名寺の少し先の海側にある。もし読者のなかに函館を訪れる方があれば、足を運んでみてはいかがだろうか。

さて、これから語る事件は、そのヴァンダリア号で起きた。そのとき箱館の住民は、突如あらわれた異国の艦隊に震え上がり、ただ右往左往するばかりであった。ところがたった一人だけ、〈これが噂の黒船か〉と、興味津津で眺めている男がいた。

船大工の名匠、続豊治であった。

第十話　稀代の船匠と高田屋の奇禍

続豊治については第七話で簡単にふれておいたが、かのヴァンダリア号で起きた事件を語る前に、この天才的な船大工のことをいま少しくわしく紹介したい。

豊治は一七九八（寛政十）年、本州北端の下北で生まれ、三歳のとき松前の船大工、続五郎吉の養子にもらわれた。五郎吉は主に小舟をつくって生計をたてていた。豊治が六歳の春、一家は箱館に移住。豊治は幼いときから養父の手伝いをして、舟の構造から作業手順まで覚えた。利発だった。十四歳になったとき、五郎吉はこの子にもっと大きな船の工作を学ばせるため、大工町の親方、藤山勘八にたのみこみ、弟子入りさせた。

勘八は箱館の船大工仲間では名の通った男であった。豊治はここでみっちり腕をみがいた。五郎吉に次いで豊治の生来の天分を見抜いたのは、この勘八である。豊治十八歳の秋、今度は勘八が彼にさらに高度な巨大和船の造船技術を学ばせるため、高田屋造船所に推薦した。

ご承知のように、この造船所をひらいたのは高田屋嘉兵衛である。嘉兵衛は一八〇四(文化元)年、幕府の許可を得て箱館の築島(のちの船場町、現末広町)を埋立て、ここに造船所を建設した。一八一四(文化十一)年、五十歳になった嘉兵衛は病気療養のため、弟金兵衛に高田屋の経営を一切ゆだね、郷里淡路へ引きこもった。豊治が造船所に勤めたのは、その翌年のことだ。

金兵衛は高田屋二代目として大町の箱館本店をはじめ兵庫・大坂・江戸の支店をとり仕切り、巨万の富をきずいた。嘉兵衛が世を去ったのは一八二七(文政十)年、享年五十九。このとき豊治は働き盛りの三十歳であった。

ここでも豊治の非凡な才能を見抜いた者がいた。ほかならぬ金兵衛である。金兵衛は豊治に特別に目をかけ、船工組頭の役職を与えて後輩の指導にあたらせた。江戸・日光・大坂・京都への半年間にわたる商用の旅にも連れ歩き、見聞をひろめさせた。金兵衛の見込みどおり、豊治は当代随一の造船技術者に育った。

このままでいけば、万事めでたしめでたしで終わるところだが、そうはいかない。「好事魔多し」という諺《ことわざ》があるが、一八三三(天保四)年、隆盛をきわめた高田屋に一大災難がふりかかり、豊治の境遇も一変する。そもそも高田屋の勃興は、幕府が蝦夷地の支配権を松前藩からとり上げ、直接統治に乗り出したのと軌を一にしている。換言すれば、高田屋は幕府の御用商人として活躍し、莫大な富を手中におさめたのである。それは後述するように、なまなかな額ではない。これまで松前藩と結託して隆隆と栄えてきた江差・松前の豪商たちにとって面白かろうはずはない。ねたまれて当然なのである。

幕府が蝦夷地の直接統治を中止し、松前藩が復領するや、高田屋はロシアとの密約嫌疑で闕所となり、財産は松前藩と幕府に没収、持船はことごとく江差・松前商人の手に受けつがれることになった。

第十一話　怪しい小舟

一八三三（天保四）年十月、高田屋は二代目金兵衛のとき、ロシアとの密約の嫌疑で本店並びに支店三店の財産ことごとくを没収された。その内訳は、幕命によりエゾ地全域を精査した偉大な北方探検家・松浦武四郎の『蝦夷日誌』中の「天保四巳十月　摂津国兵庫高田屋金兵衛闕所の次第」によれば、

一、米　　拾九万八千石　この米唐船に積み異国へ送りこれあり候
一、有金　千八百二拾七万八千五両
一、土蔵　三百七ヶ所　このうち唐物蔵百二十三ヶ所
一、大船　千石以上四百五十艇隻　船頭九百八十人
一、家作　門口九十七間　奥行弐百七拾式間
一、有米　三十九億と拾壱万石
　この米四斗俵に直し百弐億五千弐拾七万五千俵
　この米壱両八斗買の相場に積りこの代四十八億七千五百拾三万七千五両となる
一、田畑海山共　九万石　外に嶋三ヶ所
一、家内惣人数　千六百四十六人

また、金兵衛が身柄を預けられた生国の徳島（阿波）藩の記録（阿淡年表録・天保五年甲子二月の條）の「攝州兵庫高田屋御取消に相成候家財其外品々覚」によれば、

一、唐船積出米高　拾九万八千石

一、有米高　参百九拾六万石
一、有金高　壱千百弐拾壱万八千両
一、船数　五百石以上四百五拾艘
一、召使人　船手のほか九百八拾弐人
一、居宅　表口四百五拾間裏行三百九拾間
一、店数　三ヶ所江戸、大坂、蝦夷

以上は「公開講座函館学二〇〇九」における高田嘉七氏の講義録『高田屋嘉兵衛と近代経営』に収録された「高田屋が欠所（不動産を除く動産全部没収）になったときの記録」から転載させていただいたものだが、私は後者の方が真実に近いように思う。いずれにしても空前絶後、想像を絶する膨大な資産である。

高田屋のことはこれくらいにしておこう。高田屋が没落するや、主人の金兵衛からうけた恩義が忘れられない豊治は、いさぎよく造船業界を去った。巷で一介の佛壇大工として生計をたてる道をえらび、いつしか世間から忘れられた。

しかし一八五四（安政元）年、転機がおとずれる。ペリーひきいる米国艦隊の箱館入港である。

黒船は眠っていた豊治の船大工の血を一ぺんに呼びさまし、沸騰させた。引退してからすでに二十有余年、五十七歳になっていた。

黒船は彼が熟知している大型和船とは全く異なる構造をしていた。眺めれば眺めるほど興味がつのった。実は奉行所からは近寄ることは厳禁されていた。しかし矢も楯もたまらなくなった豊治は、遂に夕闇にまぎれて、こっそり小舟を漕ぎ出し、艦隊の一隻、軍艦ヴァンダリヤ号に近づき、艦の周囲を廻りながら、食い入るように観察しはじめた。いやいや、観察しただけでは、彼の中に鬱勃と湧き起こった船大工の血がおさまるはずがない。豊治はやおら腰から矢立《やたて》（筆と墨の携帯用筆記具）をとり出し、無我夢中で見取図を描きはじめた。

このときだった。

ヴァンダリヤ号の水兵が怪しい小舟を発見！　仲間の乗組員に非常呼集をかけた。

第十二話　洋式帆船「箱館丸」

ハテサテ豊治の運命やいかに？

というところであるが、その顛末《てんまつ》を語る前に、ペリー艦隊箱館入港時の巷の状況をいま一度お伝えしておきたい。

五隻からなる艦隊はあい次いで入港するや、先ず礼砲を放って、箱館っ子の度肝を抜いた。半鐘を早打ちして急を知らされた市中は、たちまち騒然となり、婦女子は亀田方面へ逃げた。そのとき港内には北前船をはじめ大型和船百二十数隻が停泊中であったが、奉行所は移動と乗組員下船の禁止令を出した。

住民の心は不安と緊張ではり裂けんばかりであった。豊治のように、禁をおかして、こちらから黒船に近づくことなど、気ちがい沙汰であった。奉行所にわかれば、いやおうなく打首である。ヴァンダリヤ号の水兵はなさけ容赦がなかった。手荒く豊治を逮捕し、縛りあげて、身がらを奉行所へつき出した。

時の奉行は堀織部正。この人は大身旗本でありながら武芸の腕が立つばかりか、性格は豪胆そのもの。眼光鋭く豊治の取り調べにあたったが、ほどなく黒船にとりつかれたこの男の心情、すなわち北前船では歯も立たぬ黒船の性能や果てしない遠洋航海に堪え抜くすぐれた構造を知りたいという情熱にほだされた。たちまち顔をほころばせ、処罰するどころか、逆に賞嘆した。それどころではない。奉行所所属「異国船応接方従僕」の身分を与え、沖ノ口番所の一員として自由に黒船に出入りできるようにとりはからった。

箱館丸(函館市中央図書館蔵)

船大工として再起した豊治は、奉行より大型洋式帆船の注文を受け、箱館港内の官船造船所で一八五七(安政四)年、遂にこれを完成させた。名づけて箱館丸。これこそ日本人が独創的に建造した最初の洋船である。

奉行は箱館丸の性能、強度を試すため、自分も乗船して江戸へ向かった。箱館丸は途中で嵐に遭ったが、何の損傷もなく、無事に品川に到着した。

そうだ、忘れずにつけ加えよう。豊治を助けて箱館丸、次いで亀田丸の造船にたずさわった続卯之吉、のちの福士成豊は豊治の次男である。彼は一八三八(天保八)年、箱館船見町で生まれ、五歳のとき廻船問屋福士家の養子となり、十四歳の時から実父について造船術を学んだ。かの新島襄の密出国を手助けした次第は後述する。彼の墓は称名寺境内にある。

(今から二十年ほど昔、いや、もう少し前だったかな、

祭礼図

青函トンネル開通記念博覧会のため、函館西部地区に再現した箱館丸が威風堂々と鎮座していて、私はワクワクしながら乗船したが、あの船はどうなったろう?）

第十三話　開港前夜

はやくも翌安政二（一八五四）年には、ペリーに負けてはならじと、イギリス、フランス、ドイツの船も先陣を争って続々と箱館湾に入港してきた。同年だけでも、入港した外国船は三十余隻に及ぶ。帽子をかぶり洋傘を手にした異人達が三十人、四十人と、まとまって上陸してきた。山高帽に英国製の洋傘……、イタリア製の靴の音がキュッ、キュッと鳴った。

再び幕府の直接統治の根拠地となった箱館は、北海道の豊饒な産物の集散基地として殷賑をきわめた。市立函館博物館発行『回想　幕末・明治の函館』によれば、安政二年に入港したフランスのインドシナ艦隊の通信員は、母国の新聞「イリュストラシオン」に、

箱館開港（市立函館博物館蔵）

「日本の守護神の祭りの行列」と題して、挿絵入りで、八月の箱館八幡宮の祭礼をデカデカと報じた。函館博物館には今もその挿絵の拡大写真が展示されているが、礼装した奉行所の役人、町年寄、名主連中に続いて、いなせな若い衆が引く大黒山、船山、エビス山の巨大な金色と朱塗りの山車《だし》の長い行列と、あふれるばかりの見物人……。二日間にわたる町中の賑わいを細密に描いた祭礼図が、巴里ッ子の異国情緒を大いに刺激したことは、想像にかたくない。

　年中行事の七月のタナバタも壮観だった。子供たちが短冊をつけた青竹や提灯をかざし、

「オオイヤ、イヤヨ（大祝い、祝いだよ）」

と叫びながら、太鼓や笛で町々をはやしたて、山車がその子供たちの行列に続いた。この祭りは前夜から翌七日迄つづいた。

　十二月の餅つきは、どこの家でも二十八日に一斉についたが、粋な芸者衆が町中を太鼓、三味線、笛でにぎにぎしくあいどりをして廻った。

　幕末の箱館町人の盛大な祭りや年中行事は、上陸してきた外国人の目

を大いに楽しませた。

幕府が諸外国と約束した本格的な開港（大開港）すなわち自由貿易の開始は、一八五九（安政六）年六月からだが、各国はその日にそなえて領事館を開設した。箱館にやって来た各国領事の着任の流儀には、それぞれのお国柄があらわれた。一番乗りはアメリカ合衆国初代領事ライス。安政四年、サンフランシスコから僅か五〇〇トン前後の捕鯨船に便乗し、たった一人で、ともかく大急ぎでやって来た。

二番手はロシア領事ゴスケウイッチ。安政五年、家族はもちろん、書記官、海軍士官、医師、宣教師、使用人の総勢十五人を引き連れ、軍艦に乗って、ものものしく赴任した。

三番手は翌安政六年、イギリス領事ホジソン。これも軍艦で、総勢十四人を引き連れて来た。上陸するや、まず軍楽隊の演奏、轟く祝砲、続いて箱館奉行所まで水兵のパレードと、いかにも大英帝国の使者にふさわしく仰々しかった。沿道の箱館っ子達は大よろこびで見物した。イギリス領事館（現在は開港記念館）は一九三四（昭九）年に閉鎖されるまでユニオンジャックをかかげ続け、異国情緒あふれる港町箱館の名物となった。

箱館奉行所庁舎(函館市中央図書館蔵)

第十四話　奉行とやくざ

一八五四（安政元）年から開港の実務とエゾ地開発のため箱館奉行に任命されたのは堀織部正、竹内保徳、村垣範正の三名である。これはかわるがわるに、一人は江戸で執務し、一人は箱館で執務、一人はエゾ地全域を巡視するためだった。

三奉行はいずれも市井の人たちに敬愛されたが、とりわけ気性がさっぱりした、いわゆる江戸っ子かたぎの堀は人気が高かった。堀は一八〇四（文化元）年、江戸生まれの大身旗本だが、箱館の人たちは親しみをこめて「楽焼奉行さん」とあだ名で呼んだ。堀は陶芸好きだった。凝り性な彼は箱館山のあちこちから土を集め、尻はしょりでそれをこね、窯で焼き、ときには徹夜することもあった。

しかし治世の業績はめざましかった。すなわち産物会所を設立し、鉱山を開発、養蚕機織を奨励、陶器や紙の製造、貨幣（鉄銭・箱館通宝）の鋳造、薬園の開設、続豊治に命じて洋船の建造、松浦武四郎に命じて蝦夷全図を完成、武田斐三郎に命じて諸術調所を開設するなど、短期間に驚嘆すべき成果をあげた。

この織部正に可愛がられたのが、通称柳川熊吉こと野村熊吉である。

子母沢寛著『行きゆきて峠あり』によれば、江戸っ子の堀は泥鰌《どじょう》が大好きで、江戸の屋敷では三日にあげず柳川鍋を食べていた。ところが……。

堀が箱館へ着いてまず口を出た科白《せりふ》は、

「しまった、伊之めを忘れてきた」

だったそうな。

伊之吉は彼が江戸の有名な料亭・八百善に無理やりたのみこみ、自分の屋敷へ連れてきた板前である。困ったことに、箱館には泥鰌の骨抜きの上手な板前がいない。とどのつまり、熊吉は料理の腕前で奉行に可愛がられるようになるのだが、その話をすすめるに先立ち、彼の素姓に少々ふれておく。

野村熊吉は一八二五（文政八）年、江戸生まれ。浅草花川戸の料理屋の倅である。ご存知のように、花川戸といえば江戸庶民の人気者、町奴の幡随院長兵衛や花川戸助六ゆかりの土地。ここで生まれた熊吉のことだから、大きくなるとやくざの仲間に入り、新門辰五郎の又子分になった。三十歳になった頃、もののはずみである事件に巻きこまれ、江戸を逃げ出すはめに。流れついた先が、開港まもない箱館であった。

ついでなので、新門辰五郎についてもふれておこう。話があっちこっち飛んで申しわけないが、「江戸最後の侠客」といわれた町火消の辰五郎は一八〇〇（寛政十二）年、江戸は下谷の生まれである。当時の江戸っ子たちが最もあこがれたのは、

火事と喧嘩は江戸の華
またその華は町火消

と謳われた町火消、今で言う消防隊である。私の祖父、盛岡藩の医師の末っ子の嘉吉なども、やはり町火消にあこがれ、十代の初めに無鉄砲にも家出同然に上京した口である。

第十五話　浅草寺境内の小さなお稲荷さん

新門辰五郎はただの町火消ではない。いろは四十八組の「を組」の頭《かしら》であるだけでなく、別の六組をもたばねる町火消十番組の頭取でもあり、千人近い火消、人足を配下にもつ大親分だった。その上、受け持ち区域が江戸一番の盛り場、浅草を中心とする一帯だったから、境内や奥山に店を張る連中の取り締まり役も兼ね、いかがわしい品物を売る香具屋《テキヤ》、大道商人はもとより、スリ、かっぱらいにまで睨みをきかせていたが、本人は浅草観音を厚く信心し、博奕《ばくち》もしなかった。彼についてはいろいろ面白い話があるが、後に鳥羽・伏見の戦い（一八六八［慶応四］年）に敗れた徳川最後の将軍、慶喜が江戸へ逃げかえって、水戸に蟄居《ちっきょ》したときのことをお話ししよう。

辰五郎はこの慶喜にたいそう可愛がられ、慶喜が京へのぼったときは、お供を命じられたほどだった。

ある夜、浅草馬道の辰五郎の家へ、

「親分、久しぶりだねえ。ちょいと頼みがあってやって来た」

と、薩長への江戸城明け渡しの当事者、幕府陸軍総裁・勝海舟が訪ねて来た。「お城のご金蔵にかくしておいた二万両を、可哀想な水戸の殿さんへこっそり届けてもらいたい。なにしろ殿さんはスッテンテンで、困っておられる。薩長の奴らに見つからぬように、ひそかに運んでくれよ」

と、ベランメエ口調で、ま、こういう頼みであった。

しかし辰五郎は、江戸へ逃げ帰る途中、体をこわして、床についたままの日を過ごしていた。おまけに恋女房のおぬいまでが、重い病いの床に臥していた。

「今度の御用ばかりはご勘弁ください」

辰五郎はあやまった。

ところが勝が帰ると、

「旦那に見こまれたお前さんが、大事な公方《くぼう》さまのための御用を断るなんて……」

と、ぬいが起き出してきて、

「私のことなら心配いらないよ」

と、いきなり出刃包丁でノドを突き、自害してしまった。

辰五郎が、命がけで二万両を水戸へ運んだのはいうまでもない。

浅草寺の境内には、辰五郎が女房のぬいの菩提を弔って寄進した稲荷社が、ひっそりと今も建っている。私は浅草寺へお参りするたびに、忘れずにこちらのお稲荷さんにもお参りすることにしている。

話を野村熊吉にもどそう。さて、箱館へ渡った熊吉は、流れ者の人足をして日を送っていたが、根が料理屋の伜だけに、口が肥えている。見かけとは裏腹に酒は一滴も飲めないが、うまい物は食いたい。そこでちょくちょく小料理屋へ立ち寄った。そこで堀奉行の部屋頭の留吉と知り合いになり、気に入られて、部屋人足に雇われた。熊吉には持って生まれた特技があり、それが泥鰌の骨抜きであった。

第十六話　俠勇

熊吉が奉行のお気に入りになった縁というのは、こうだ。

一口に泥鰌といっても、うまいのもあり、まずいのもある。熊吉は指先でちょいとこ奴《やつ》の頭をつくと、それでわかったもんだという話がある。ある時、織部正の台所のものが腹痛でねこんだ。折悪しく殿様から柳川鍋の仰せだ。台所の者達が困り抜いていたのを部屋頭の留吉が知って（略）熊吉よお前手伝ってやんなという。

熊吉はにやにやしながら拵《こしら》えて夕《ゆうべ》の御膳へ差し上げた。織部正一箸つけるともう大層な御気嫌で（略）いつもと違っている。今日は包丁人が変わったなという仰せだ。

（『行きゆきて峠あり』）


「今後、柳川は一切この者にやらせよ」

堀のこのひと言で、みんな熊吉に一目《いちもく》おくようになったそうだ。

それだけではない。気さくな堀は、熊吉を名前で呼ばずに、用事を言いつけるときは、

「これ、柳川」

と呼んだので、まわりの者たちも、いつしか柳川さん、柳川さんと呼ぶようになったという。

熊吉は彼を可愛がってくれた堀が江戸へ戻ると、船見町で「柳川亭」という料理茶屋を営んだ。

かつて部屋頭の留吉が、

「今に箱館中の若え奴らがみんなお前のアゴで使われるようになるだろうよ」

と言ったが、そのとおりで、表向きは料理茶屋でも、度胸があって気っぷがいい熊吉のもとへ彼を慕う若い衆がおしかけてきて、いつしか六百人をこえる子分をもつ、ばくち宿の大親分となった。

話が横道にそれてばかりいて申しわけない。この熊吉が箱館町民の窮状を救うために命がけで働くのは、それからしばらく後、年号が明治にあらたまってからのことである。事の次第は後述することにして、いま一度眼を開港後まもない巷の情景へ転じよう。くり返して言うが、箱館湾には各国の船が輻湊《ふくそう》した。基坂《もといざか》とか姿見坂とか、ともかく坂道の多い町なかを、昼ひなか、二、三百人をこえる異人たちが、国際色ゆたかに、三々五々連れだって徘徊し、見物や買物で殷賑をきわめたと古書に記されている。

箱館で最初に商売をはじめた外人は、英人アレクサンダー・P・ポーターだそうだ。彼は一八五九（安政六）年の本格開港と同時に上海《シャンハイ》から来日した。当時、上海は極東における帝国主義列強の最前線基地であった。彼は箱館の人たちとすっかり親しくなり、箱館の女性と結婚した。のちに国禁を犯して日本を脱出した新島襄（同志社大学創立者）の密出国を手助けしたのは、箱館ポーター商会（貿易会社）に住みこんで英語修業中の福士成豊である。主人のポーターの理解と応援があればこそできたことだ。新島は上海経由でアメリカへ留学した。

第三章

ハリストスの鐘

第十七話　黄金時代

ペリーが来航した頃の横浜は、戸数百一軒、半農半漁の小さな村里にすぎなかった。それにくらべると、箱館はすでに都会だった。その箱館へ、開港と同時に「西洋」が殺到した。「文明開化」が上陸してきた。市立函館図書館の初代館長、岡田健蔵先生は『箱館開港史話』のなかで、こう述べている。

「ペリーが箱館を訪問した時から、約十五ヵ年（略）、箱館戦争頃までに起った外来文化の影響について申し上げたい（略）。この時代は、箱館にとっては、文化的にも物質的にも、非常に恵まれた時代でありまして、世間でいうところの黄金時代とでも申しましょうか（略）、一万を有するに過ぎなかった人口が、この間におよそ二万人に激増し、又天下に志をいだくの士がどしどし参りまして、新興の気分が満々として動いたのであります」

ちょっとつけ加えるが、石川啄木の日記をはじめ幾多の貴重な資料や古書を収蔵する市立函館図書館を作り上げた人、それが岡田健蔵である。文字どおり、生涯を図書館作りにささげた稀有の「図書館人」であった。

一八五五年に本格的な開港が始まると、箱館湾は三百隻からの外国船で賑わった。開港は箱館を見るまに外国貿易港へと変貌させ、経済的、文化的爛熟をもたらした。箱館戦争までのざっと十五年は、箱館にとってまさしく黄金時代であった。箱館はこの一時期に限っていえば、日本から離れた独立国ともいうべき様相を呈した。

入港する外国船の応待に欠かせないのはなんといっても語学だが、世は蘭学全盛時代。だからペリーが箱館へ寄港したときは難儀した。箱館奉行所の通訳はオランダ語しかわからなかった。

幕府は安政三年、英語通詞・名村五八郎を箱館へ派遣した。名村は優秀な弟子を育てた。福士成豊がポーター商会で英語を学んだことは先述した。のちに五稜郭を築く蘭学者・武田斐三郎は、かの米国初代領事ライスから大急ぎで英会話を習った。

英語が必要だったのは、彼らばかりではない。町の人たち、とりわけ商人たちは必要に迫られた。当時の人たちが耳で聞き、口真似でおぼえたカタコトの英語が、いわゆる「箱館英語」である。ソップ、スピン、バイキ、ゴーヘイ、ドンマイ、ステンション、シップなど、ついこの間まで、そう、私が子供の頃まで、函館では使われていた。私の父が亡くなってからもう久しいが、商人だった父の会話には、それらがふんだんに出てきた。

武田斐三郎が奉行の堀織部正の特命により、箱館に洋式学問所「諸術調所《しょじゅつしらべしょ》」を開設したのは一八五六（安政三）年のことだ。同年、幕府はさらに斐三郎に日本最初の洋式城郭、五稜郭の築城を命じた。諸術調所は日本初の官立の総合理工科大学である。フランスの工科大学を手本にしたといわれている。学生は日本中から集まり、のちの郵便制度の創始者前島密、鉄道制度の創始者井上勝、日本銀行総裁吉原重俊らがいた。学生は覇気あふれる連中で、奉行所の役人は彼らを「悪党」と呼んだくらいだ。武田はこの「天下に志をいだく悪党たち」を箱館丸に乗せ、自ら指揮して日本一周を果たした。

第十八話　ユニオンジャックの異人たち

箱館には前出のポーターのような外人がたくさん住みついた。第四話で紹介した名物船長のウイルも、そのうちの一人である。彼は生粋のマドロスで、一八四〇年、英国スコットランドに生まれ、わずか十三歳で見習い水夫となった。一八六〇（万延元）年、上海の西太平洋商会の船の乗組員時代に箱館に第一歩を印した。二度目の箱館行きの乗客の中に、同商会の箱館支配人として赴任する英国の退役軍人ブラキストン大尉がいる。のちに津軽海峡が動物分布上の境界線（ブラキストン・ライン）であることを発見したブラキストンである。

ウイル船長（函館市中央図書館蔵）

箱館を根拠地にして活躍したウイルは、後年、地元の女性と結婚して平穏な陸《おか》の生活に入り、“Looking Back” のタイトルで、波瀾万丈の人生を書き残した。この自筆原稿は今も市立函館図書館に所蔵されているが、開港当時のなまなましい密輸天国・箱館港の実情、あるいは箱館戦争の現場観戦など、文字どおり「箱館から函館まで」の歴史的事件をくわしく綴っている。彼は大正九年、八十歳で大往生をとげた。

小男のウイルとは大違いで、親友のハウエル商会（貿易会社）の英人ウイルソン社長はノッポだった。一八四二年生まれ。二十四、五歳のころ、上海から箱館に渡り、貿易で成功した。天神山の麓に豪邸をかまえ、庭内に馬二頭を飼育し、毎朝、亀田八幡宮へ乗馬で往復するのが日課であった。彼は地元ではその名を知らぬ者はいないといわれる程の名士になった。この堅物は、生涯独身を通し、大正五年、七十四歳で没した。

ブラキストンが地蔵町の埋め立て地につくった製材工場の機械技師だったのが、ジェームス・スコットである。一八六四（元治元）年、ブラキストンの誘いに応じて、スコットランドからはるばる箱館にやってきた。彼は箱館がすっかり気に入り、地元の女性、柿村トメ子と結婚して、二十間坂下に木工場を経営した。後でふれるが、大正末から昭和にかけて活躍した超人気作家、長谷川海太郎の一家とは特に昵懇の間柄であった。大正十四年、八十八歳で永眠するまで、市民からあつい信頼を寄せられた。

ジェームズ・トンプソンは文久年間に乗船が箱館附近で難破したのが、箱館に根をおろす縁になった。彼は親切な箱館の人たちの情にほだされ、この地が気に入って、この地の土になった。英国の船大工出身だったので、明治十年代に豊川町に造船場をつくり、繁盛した。また、ビリヤードの店をひらき、箱館にビリヤード・ブームをもたらした。

このころには、市中には洋物店、写真館、洋菓子店、毛皮店、肉屋、時計屋、西洋料理店、ビール販売店、書店など、文明開化の香りをつたえる店が続々と開店していた。店先にそれぞれ自慢の看板をかかげ、通りは品物をもとめる洋風嗜好の箱館っ子であふれた。まるで外国の小さな植民地であった。乗合馬車の鈴の音が、カモメが飛び交う港の澄んだ空に、さわやかに鳴りひびいた。

第十九話　むこうみずな若者

箱館にやってきた外国人は、ポーターやウイルソンのような商人ばかりではない。箱館ハリストス正教会のニコライ神父、のちに東京の神田駿河台に壮麗なニコライ堂を建立したニコライ神父も、その一人であった。

一八六一（文久元）年、ロシア人の宣教師ニコライは、はるばるシベリアを横断して箱館へやって来た。彼は若いときから日本びいきだった。彼に日本へのあこがれを抱かせたのは、第七話に登場した帝政ロシアの軍艦ディアナ号艦長、ゴローニン少佐の手記だった。

読者のみなさんにお願いがある。どうかゴローニン艦長がクナシリで幕吏に捕われ、松前に幽閉された事件のことを思い出して下さい。くどいようだが、ゴローニンの釈放に命がけで取り組んだのが、かの高田屋嘉兵衛である。

ニコライは一八三六年、ロシアの下級聖職者の子として生まれた。ペテルブルクの神学大学に在学中、ある日、学校の図書館でゴローニンが書いた『日本幽囚記』(一八一六年)を読み、心を打たれた。二年三カ月にわたって松前と箱館に虜囚生活を余儀なくされたゴローニンの手記である。『幽囚記』に登場する日本人は、まことに勤勉で知識欲旺盛、だれもが読み書きでき、清潔好き。純心で、しかも人情深い……。

ニコライはシベリアの遙かかなたの東方の海に浮かぶ小さな島に熱烈なあこがれを抱い

ニコライ神父(函館市中央図書館蔵)

ハリストス正教会(函館市中央図書館蔵)

た。ある日、彼はクラスメートの部屋で、箱館ロシア領事館付属司祭の志願者を募るビラを見つけた。

一八六〇年八月、満二十四歳の青年修道司祭ニコライは、一台の馬車を買い、狼群跳梁するシベリアの荒野を、ひとり飄然と東をめざして旅立った。走っても走っても、視界に入るのは地平線ばかり。寂漠とした大地が永遠に続くように思われた。

しかし決死の覚悟の若者は、ひるまない。

日本ハリストス正教会発行のニコライ伝（『大司教ニコライ師事蹟』一九三六年）は、このむこうみずな若造のことを「軍人にもふさわしい」「勇敢不屈」な若者と評している。

アムール河（黒竜江）がオホーツク海にそそぐ河口の町ニコラエフスクから、船便で箱館へやっと辿りついたのは、翌年六月。この北国の町の最も美しい季節であった。

余談になるが、ハリストス正教会の「ハリストス」とは「キリスト」のロシア語読みである。

紀元三三〇年、ローマ帝国の首都が東方のビザンチウム（改名してコンスタンチノープル）に移った後、ここを中心に発展したキリスト教が東方教会で、一〇五四年にはローマを中心とする西方教会と絶縁し、以後、東方教会は正教会（ギリシャ正教）として、西方教会はローマ・カトリック教会として、独自の道を歩み出した。十五世紀、コンスタンチノープルはトルコ軍の攻撃で陥落し、名もイスタンブールに。以後、東方教会の中心はロシアに移り、ロシア正教として今日に至っている。

第二十話　ハリストスの鐘の音

これまで何度もふれたように、ペリーが箱館を訪問したときからざっと十五年ほどが、箱館の黄金時代だった。外国船が殺到し、〝文明開化〟が上陸。武田斐三郎はじめ開明派の武士たちがいきいきと活躍した。しかし箱館以外の地では事情は全く違った。

日本列島を攘夷の嵐が吹きまくっていた。外人殺傷事件、いわゆる「異人斬り」が頻発。水戸浪士十四名が江戸高輪のイギリス公使館を襲撃したのは、ニコライ来日の直前。また、まもなくイギリス商人リチャードソンら四人が、横浜生麦《なまむぎ》村で薩摩藩士に襲われ、殺される。

箱館とて事件がなかったわけではない。これはしばらく後、一八七四（明治七）年のことだが、攘夷狂信者の秋田藩士が「異人なら誰でもいい。殺したい」と箱館へやってきて、折から散歩中の若いドイツ領事ルートヴィヒ・ハーバーのあとをつけ、斬殺。領事を偲ぶ碑が、今も函館公園裏に残るハーバー記念碑である。

ニコライも箱館で尊王攘夷の殺人者にあやうく斬られるところだった。彼が来日したころ、キリスト教は日本ではまだ禁断の宗教だった。彼を襲ったのは、土佐藩出身の志士、沢辺琢磨である。沢辺はかの有名な坂本龍馬や武市半平太と、父方母方それぞれ従兄弟にあたる。剣を江戸は神田お玉ヶ池の千葉周作に学んだ。箱館へ来て、神明社（現・山上大神宮）の宮司に剣の腕を見こまれ、婿入りして神官になった。沢辺はニコライ来日の報を聞くや、

「夷狄《いてき》は殺さねばならぬ」

と、ただちに大刀をひっさげ、ニコライを斬りに走った。夷狄というのは異民族の蔑称である。

二人の息づまるやりとりは、前話でふれた古いニコライの伝記に、こうある。

「汝は切支丹の邪宗をひろめ、わが国を盗むつもりであろう」

「貴殿はわが宗門の教義を知らるるや？」

「いや、知らぬ」

「しからば、先ずこれを研究され、しかる後にその正邪を定むるが至当であろう」

ニコライの言辞に耳を貸すような沢辺ではない。しかしニコライとて、頑固な点では沢辺におとらない。沢辺が大刀の柄に手をかけても、一歩もしりぞかない。

ニコライの気魄と根気がまさった。

沢辺はニコライに信服した。それどころか、後日、禁令を犯して極秘裡に洗礼をうけ、日本正教会の信徒第一号となった。

新島襄はこのニコライのもとに身を寄せ、前記の福士成豊と沢辺琢磨の助力によって日本を脱出できたのである。

ちなみに、今も元町に建つ異国情緒たっぷりなハリストス正教会は、正しくは函館復活聖堂という。当時、箱館っ子は「ガンガン寺」というあだ名で呼んだ。名称のいわれは、朝な夕な、港の空に鳴りひびく異国の鐘の音からきている。私にとっては子供のころから聞きなれた懐しい音色だった。

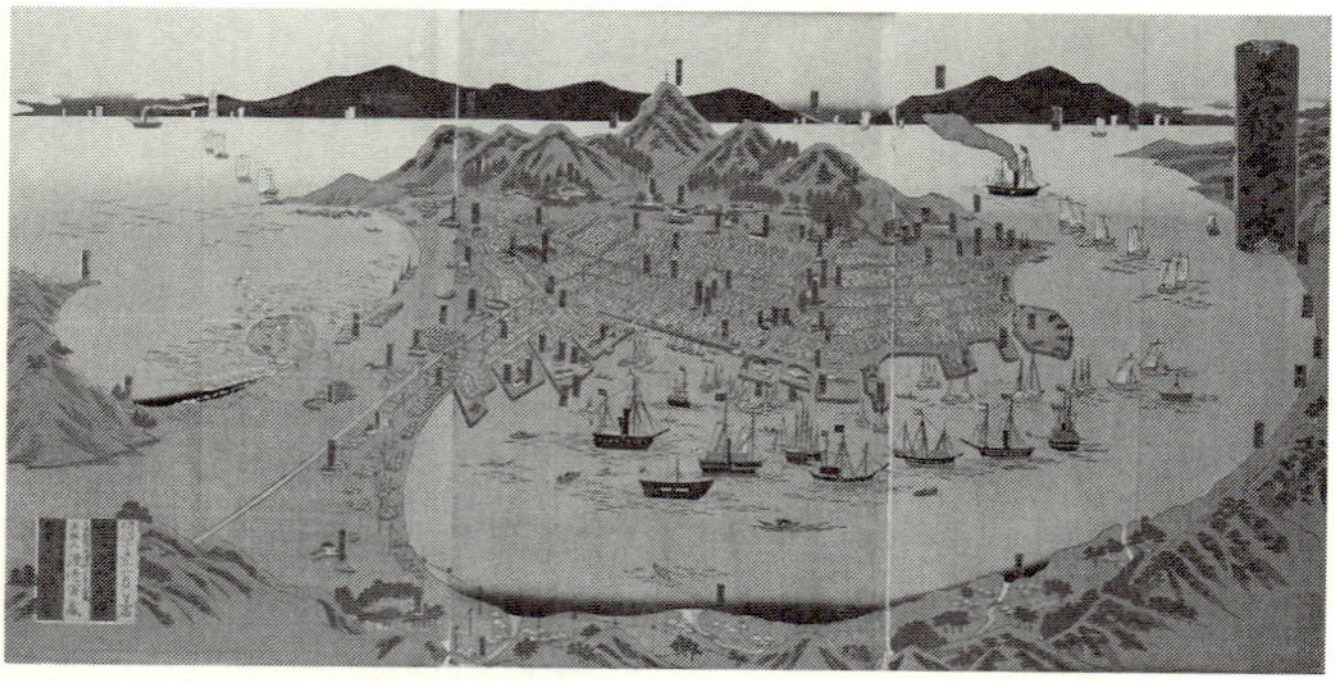

函館真景(函館市中央図書館蔵)

第四章

エゾ共和国

第二十一話　適塾山脈

前にふれたとおり、幕府が一八五六（安政三）年に箱館に開設した洋式学問所、諸術調所には、大志を抱く若者が日本中から集まった。この学校は西欧の航海術、天文学、兵学、物理、化学と、まことに幅広い分野の学問を教えた。武田斐三郎を教授頭とするわが国最高の学府であった。

武田は伊予（今の愛媛県）の大洲《おおず》の軽格藩士の次男坊。子供のときからなみはずれた秀才で、大坂の有名な蘭方医・緒方洪庵《おがたこうあん》の私塾「適塾」の出身。

武田斐三郎（函館市中央図書館蔵）

適塾は武田のみならず、門下生から橋本左内、大村益次郎、福沢諭吉、大鳥圭介、長与専斎、箕作秋坪、高松凌雲、佐野常民など、幕末から明治にかけての疾風怒濤の時代に活躍するおびただしい人材を輩出した蘭学の総本山。今の国立大阪大学の前身である。

武田は一八四八（嘉永元）年、適塾に入門した。佐野常民と同期生である。

適塾という風変わりな塾名は、開祖・洪庵の号「適々斎」からきている。字義のとおり、この塾には「門下生をしてその適せる方におもむかしむ」という学風があった。洪庵の教育方針は、蘭医学を学んでも、必ずしも医者になる必要はないということだった。彼は弟子たちに底ぬけにやさしかった。それが適塾山脈といわれるような、出身者たちのさまざまな方面での活躍を可能にした。もちろん高松凌雲や佐野常民のような、師洪庵と同じ医学の道を歩んだ者もいる。しかし大村益次郎や福沢諭吉のような、全く畑違いな領域での活躍も可能にしたのである。

これは私の思いこみにすぎないと笑われるのは承知で言うが、開祖がつくった学風というものは、どうも後々の世まで伝わるものらしい。適塾の後身の大阪大学医学部出身の手塚治虫は現代漫画のパイオニアの道を歩み、工学部出身の長谷川慶太郎は国際エコノミストの道を歩んだ。彼らの全く畑違いな領域での活躍は、かつて適塾の先輩たちが歩んだ道だ。そう思えてならない。

どうも話が横道にそれて申しわけない。適塾門下生の多彩な活躍を考えてみると、一八六九（明治二）年の箱館戦争こそがその劇的な集約であった。

まずもって、五稜郭の設計管理にあたったのが武田斐三郎である。彼は適塾卒後、一八五〇（嘉永三）年に師洪庵の紹介で江戸へ出て、伊東玄朴のもとで西洋兵学と初歩のフランス語と英語を学び、さらに佐久間象山のもとで西洋兵学、砲術を修得、ここでも頭角をあらわした。長崎出張の機会も与えられた。当代第一級の知識人、技術者、教育家、武人といえよう。幕府はその力量を見込み、一八五六（安政三）年、彼に五稜郭の築城計画を命じた。

この五稜郭を攻める側の新政府軍の作戦指揮をとったのが、ほかならぬ、適塾の先輩で西洋兵学の天才、大村益次郎であった。

第二十二話　青い目の侍

一八四六（弘化三）年、適塾の門を叩いた大村益次郎は、三年目には成績優秀をもって塾頭をつとめた。彼が西洋兵学の研究に熱中するのは、その前後からである。後に長州萩におもむき、高杉晋作に信頼され、長州の兵制改革、すなわち職業軍人（武士）だけでなく、農商の子弟の志願者で編成した軍隊（奇兵隊）の創設の中枢となり、遂には明治政府軍の実質的な最高司令官となって、戊辰戦争最後の戦いとなる箱館戦争まで、常に大本営において作戦指揮をとった。

大鳥圭介

ついでながら、益次郎は維新後、長州奇兵隊をさらに大規模にした国民徴兵制を唱え、日本の近代的軍隊創設に寄与したが、徴兵制は行きつくところ武士階級の否定となるため、これを恨む士族の凶刃に倒れた。五稜郭陥落からわずか四カ月後のことであった（士族の叛乱は一八七七［明治十］年の西南戦争をもって終

前列左から２人目がブリューネ大尉

焉した)。

一方、五稜郭にたてこもった旧幕軍の中枢にも、適塾門下生がいる。一八五二(嘉永五)年入門の大鳥圭介である。後に江戸へ出て、西洋兵学の先覚者江川太郎左衛門の江川塾の教官に迎えられ、やがて勘定奉行小栗上野介の知遇を得て、幕府が招聘したフランス政府軍事教官団に師事、幕府軍再編成を手がけた。

この教官団のメンバーには有能な軍人が多く、団長シャノアンは後にフランス陸軍大臣に、教官の一人、デシャルム中尉も大将に昇進した。明治元年、榎本武揚ひきいる旧幕軍が新天地をもとめて品川沖からエゾ地へ向かったとき、教官団の訓練をうけた幕兵も大勢これに加わった。教官の一人、ブリューネ大尉は、教え子を見捨てるに忍びず、遂には故国の陸軍大臣あてに辞表を書き、品川沖の開陽丸に身を投じた。紅毛碧眼のフランス軍人にも、こういう侍がいたのである。

このとき、大鳥圭介、土方歳三と共に北関東から会津まで転戦したフランス教官たちも、教え子と行動を共にした。

エゾ共和国陸軍奉行に就任した圭介は、五稜郭陥落後、榎本と共に身柄を江戸へ送られた。かつて江川塾で圭介に師事した政府軍参謀、薩摩の黒田清隆が、マゲを剃って丸坊主になり、圭介らの助命に奔走し、死刑を免じられた。

市立函館病院の前身、箱館医学所は、一八六一（文久元）年につくられた。高松凌雲が適塾に入門したのは、この年である。凌雲はその後、幕府のパリ万国博覧会使節団の一員に加わり、欧州に遊学し、そこで近代医学と博愛精神を身につけ、帰国後、榎本軍に加わり、民政方病院と改称した函館病院の院長となった。箱館戦争が始まると、敵味方の別なく治療にあたった。その縁で来院した薩摩の山下喜次郎が凌雲のたのみをうけ入れ、「薩州改め」と大書した看板を門前にかかげ、官軍が箱館占領後も病院は無事だった。さらにこれがきっかけで、凌雲は黒田清隆と榎本の間の仲介役をひき受け、五稜郭無血開城を実現した。

大坂から遠く離れた箱館の地で、適塾の教育は見事に花を咲かせたのである。

第二十三話　賊都

だが箱館戦争は、文明開化の夢に酔いしれている箱館の人々の心情に暗い影を投じた。屈折させた。

それまで箱館は、日本中で一番「陽のあたる場所」であった。すなわち幕府が直轄し、有能な人材と資金を投入してつくった「日本の中で最も整備された港」（ジョン・バクスター・ウィル船長）の町であった。その箱館を「開港は見るまに外国貿易港に変貌させ、経済的、文化的爛熟をもたらした。箱館戦争までのざっと十五年は、箱館にとってまさしく黄金時代であった」（岡田健蔵）。

ところが、にわかに戦争勃発。箱館は旧幕府軍の最後の砦にされた。賊軍の町になった。追い追い述べるが、この戦争で死んだ幕兵は、八百十七名といわれる。大部分は市街戦で戦死した。新政府軍（官軍）は見せしめのため、人々に遺体を葬ることを禁じ、腐敗するにまかせた。同情心は許されなかった。町中に充満した死臭は、箱館っ子の夢をさましただけでなく、エリート意識の鼻をへし折り、屈折させた。

ここで、箱館戦争が勃発するまでのあらすじをふりかえっておこう。幕末の日本列島を攘夷の嵐が吹きまくったことは、第二十話「ハリストスの鐘」ですでに述べた。尊王攘夷の志士によるテロ（天誅）が横行した京都の治安維持のため、会津藩主・松平容保《かたもり》が守護職に任命されたのが、一八六二（文久二）年である。

翌六三年、ときの孝明天皇の御意志により、会津、薩摩が共同で、過激分子の公卿《くげ》や長州勢を京から一掃した。

天皇は容保に対して、

「不埒《ふらち》の国賊を取退《とりの》けた」

と、感状並びに御製《ぎょせい》を賜った。

近藤勇を局長とする新撰組の活躍は、この時期からである。新撰組というのは「京都守護職支配下の役人、警察隊の一グループ」（子母沢寛『新撰組始末記』）である。

京を追われた長州藩は「玉奪回」をめざし、あくる六四（元治元）年、大軍で京へ攻めのぼった。彼らの言う「玉」とは、天皇のことである。会津、薩摩の連合軍は、これを迎え討《う》ち、潰滅させた。

しかし六六（慶応二）年、坂本龍馬の斡旋《あっせん》で、薩長が手を組む。その上、年末には孝明天皇が急死。

六七（慶応三）年、虎視眈々《こしたんたん》と機をねらっていた過激派公卿・岩倉具視は、薩摩藩に、徳川慶喜を征伐し、松平容保を誅殺《ちゅうさつ》せよと「討幕の密勅」を出した。容保は逆賊への道へ追いやられるのである。そうとも知らぬ慶喜は、大政奉還を朝廷に申し出た。

この機をのがさず、朝廷は王政復古の大号令を発した。

六八（慶応四・明治元）年は砲火とともに幕を開けた。前年のクーデターを薩摩の陰謀とみた幕府軍が、会津・桑名藩兵をひきいて上洛。鳥羽・伏見で新政府軍に決戦をいどむ。日本を二分した内戦、戊辰戦争のはじまりだった。

この戊辰戦争で、かつて孝明天皇にあつく信頼された容保が、逆に朝敵第一号とされたのは、歴史の非情というより外に言葉がない。新撰組もまた長州藩士の不倶戴天の敵とされた。

第二十四話　エゾ共和国の夢

一八六八年一月、幕府軍は京の鳥羽・伏見の戦いで大敗。四月には江戸城を新政府に明け渡した。先に第十五話「浅草寺境内の小さなお稲荷さん」で書いたように、江戸へ逃げ帰った徳川最後の将軍・慶喜は、ひたすら謹慎。江戸に残っていた陸軍総裁・勝海舟は、勢いにのって江戸城総攻撃の火ぶたをきった新政府軍総師・西郷隆盛に談じこみ、無血開城とひきかえに江戸の町と人々を守った。

八月、幕府軍の軍艦奉行・榎本武揚は、開陽など八隻の軍艦と輸送船をひきいて品川沖から脱走、北へ向かった。すでに陸軍の抗戦派は江戸を離れ、北陸や東北の抗戦派諸藩（奥羽越列藩同盟）に加わり、新政府軍と死闘をくりひろげていた。

抗戦派の雄、会津藩主・松平容保は落城前に別離の宴をもよおし、そのあと大鳥圭介や土方歳三に退城を請うた。会津藩士は城と生死を共にするが、あなた方は生きのびて、なおも戦う道を選ばれよと説いた。榎本艦隊は、仙台松島湾で、会津若松から脱出してきた大鳥や土方の諸隊と合流。二千八百名でエゾ地をめざした（榎本軍はその後、さらにあとを追ってきた諸隊も加わり、三千二百余名。この中にはフランス軍人十名もいる）。

会津藩は籠城一カ月目の九月二十二日、刀折れ矢尽きて落城。二日あとに盛岡藩降伏。さらにその二日後、同盟軍最後の砦の庄内藩も降伏し、列藩同盟は瓦解した。

一方、エゾ地に上陸した榎本軍が、新政府側の守備軍を蹴散らして箱館を占領したのは、十月。

箱館戦争の図(市立函館博物館蔵)

ただちに土方を首将とする一軍が松前城も攻め落とした。

十二月には仮政権を樹立した。いわゆるエゾ共和国が誕生した。

他方、東北一帯を制覇した新政府は、翌一八六九（明治二）年三月に陸軍七千名を動員。この中には総参謀として、かの黒田清隆も加わっている。海軍は最新鋭艦・甲鉄を先頭に品川沖を出航。青森から兵を乗せ、翌月には松前城を奪回。いよいよ五月十一日、圧倒的な兵力と火力で箱館総攻撃。この激戦での戦死者は政府軍二百数十名に対して、旧幕府軍八百名以上。

十八日、五稜郭にたてこもった榎本軍は、遂に政府軍の軍門にくだった。かくて日本を二分した内戦（戊辰戦争）は終結した。

エゾ共和国の夢は雲霧消散した。

第二十五話　狐雨

　さて、これから私は、箱館で死んだ侍たち、それも旧幕府軍のサムライたちについて書こうと思う。

　旧幕府軍は箱館を制圧したのち、士官以上による投票をおこない、政権を運営する総裁、副総裁、陸海軍奉行など十二人の閣僚を選出したが、このなかで戦死したのは土方歳三（陸軍奉行並箱館市中取締裁判局頭取）と中島三郎助（箱館奉行並）の二人だけであった。総裁の榎本武揚や陸軍奉行の大鳥圭介、海軍奉行荒井郁之助、箱館奉行永井尚志などは、のちに新政府に仕えた。もちろん、彼らには彼らなりの事情がある。しかし私がここで、どうしても書き残しておきたいのは、生きのびて新政府に仕えた彼らのことではなく、箱館の土を朱《あけ》に染めて散ったサムライたちについてである。

　まずは、かつての新選組副長、土方歳三である。

　一八六八（明治元）年、幕軍が鳥羽・伏見で敗れ、江戸へ逃げかえったことは、先に述べた。歳三はここで局長の近藤勇と別れ、新選組の新しい隊士をつのり、大鳥圭介ひきいる陸軍に加わって東北各地を転戦した。エゾ地へ渡ったのは、死地を求めてのことだった。すでに京都でも、そして東北でも、新選組の隊士はあらかたが死出の旅についていた。だから自分ひとり生き残ることなど、彼の念頭に微塵も浮かばなかった。

明治二年五月十一日、新政府軍の五稜郭総攻撃当日の暁闇、歳三は城門を出た。彼は馬上。従う兵は三門の砲車を先頭に、わずかに五十名。後続して松平太郎（副総裁）の諸隊がつづく。

すさまじい激戦になった。

歳三は硝煙たちこめる市中へ突進するや、馬腹を蹴って黒山のような敵陣へ斬りこんだ。

一弾、胸を貫き、歳三は死んだ。齢《よわい》、三十五。

それから七日後に五稜郭は降伏した。

歳三の碑は、前にも書いたが、新選組の

土方歳三

土方歳三他新選組四名の供養碑

箱館本陣になったわが家の菩提寺、称名寺境内にある。司馬さんは歳三を主人公にした小説『燃えよ剣』のなかに、こう書いている。

「死体は、函館市内の納涼寺に葬られたが、別に、碑が同市浄土宗称名寺に鴻池の手代友次郎の手で建てられた。肝煎《きもいり》は友次郎だが、金は全市の商家から献金された。理由は、たった一つ、歳三が妙な「善行」を函館に残したことである。五稜郭末期のころ、大鳥（圭介）の提案で函館町民から戦費を献金させようとした。

「焼け石に水」

と、歳三は反対した。

「五稜郭が亡びてもこの町は残る。一銭でも借りあげれば、暴虐の府だったという印象は後世まで消えまい」

土方歳三最後の地碑

そのひとことで、沙汰やみになった」

今もこの供養碑の前に、市民の焼香の煙が絶えない。

歳三には、江戸に残してきた最愛の恋人がいた。名はお雪。

『燃えよ剣』のフィナーレはこうだ。

「明治十五年の青葉のころ、函館の称名寺に歳三の供養料をおさめて立ち去った小柄な婦人がある。寺僧が故人との関係をたずねると、婦人は滲みとおるような微笑をうかべた。が、なにもいわなかった。

お雪であろう。

この年の初夏は函館に日照雨《そばえ》が降ることが多かった。その日も、あるいはこの寺の石畳の上にあかるい雨が降っていたように思われる」

日照雨は今もよく降る。陽が照っているのに、不意に石畳を湿らせ、通りすぎて行く。私が子供のころは、このカラッと明るい雨のことを「狐雨」と呼んでいた。子供たちは、狐は人を化かすケモノだと信じていた。今の函館の子は、この雨のことを何と呼んでいるだろう……。

第二十六話　木鶏

ちょっと寄り道する。もう七十年ほど前、私が小学校三年生のときのことである。不世出の名横綱とうたわれた双葉山が、七十連勝目にして、前人未到の連続勝利記録を新鋭安芸ノ海に破られた。一九三九（昭和十四）年一月場所、三日目のことだ。その日の夜、双葉山は師と仰ぐ安岡正篤に「イマダモッケイタリエズ」と打電したそうだ。むろん小学生の私には、何のことやら、わかるはずもない。しかし「モッケイ」という言葉は、ずっと頭の片隅にこびりついていた。その「モッケイ」が「木鶏」で、木製の鶏だとわかったのは、旧制高校生になってからだ。強さを表面に全くあらわさない闘鶏のことだった。こういう鶏こそ、最強の鶏だといわれる。

これから私が書きたい中島三郎助は、俳号を木鶏という。

彼はかつて港町の浦賀で代々つづく奉行所与力だった。一八五三（嘉永六）年、ペリー艦隊が来航したとき、敢然と黒船に乗りこみ、訊問、応接した気骨によって知られる。その後、幕命により、長崎海軍伝習所に第一期生として入所。のちに軍艦教授、軍艦頭取を歴任した。砲術を特技とし、わが国第一の砲手と称された。勝海舟とは同期、榎本武揚の一年先輩である。俳人としても知られ、多くの秀作を残した。

幕府瓦解後、長男恒太郎、次男英次郎のほか、三郎助を慕って離れない奉行所の配下十余名をひきつれ、榎本に従って箱館へ走った。このとき三郎助、四十九歳。五稜郭の前衛基地「千代《ちよ》ケ《が》岱《たい》」砲兵陣地の守将となり、中島隊四十数名をひきいて、ここに籠《こも》った。

新政府軍の攻撃が開始されたのは、五月十六日午前三時。

三郎助は風流人で、しかも洋学教育をうけた身でありながら、「その教養からはおよそかけはなれた古武士然とした人物」（『燃えよ剣』）だった。前日の十五日、大鳥圭介が、

「多勢に無勢《ぶぜい》。一蹴《いっしゅう》されるのは火を見るよりあきらか」

と、五稜郭への退去と、籠城を勧告したが、

「ここをわが墳墓の地とせん」

と、従わなかった。彼はすでに覚悟をきめていた。

中島恒太郎

中島三郎助

中島英次郎

中島三郎助父子最後之地碑
（函館市中島町）
中島町の町名は、昭和六年の町区域変更のさいに命名された。三郎助の遺徳を偲んでのことである。

「ほととぎす　われも血を吐く思いかな」

三郎助の辞世の句である。

新政府軍は、払暁、津波のように押し寄せた。中島隊は大砲を放って表門を死守したが、右手の門を突破され、全員が白刃を抜きはなち、白兵戦になった。忠実な老僕の柴田伸助が、手負いの三郎助を背負って奮戦したが、主従もろとも切り死に。恒太郎、英次郎の兄弟はじめ中島隊は、一歩も退《ひ》かず、一時間の戦闘で、大半が壮烈な死を遂げた。ときに恒太郎二十二歳、英次郎十九歳であった。

のちに三男の与曽八は父の遺志をつぎ、海軍機関中将となった。

三郎助には辞世の句がもう一つある。

「うつせみのかりの衣をぬぎすてて
　名をや残さん千代ヶ岡辺《べ》に」

昭和六年、函館市は三郎助父子をしのぶよすがに、このあたりを中島町と命名した。

以上が、エゾ共和国の十二人の閣僚のうち、箱館の土となった二人のサムライの物語である。

ところで、ペンを措いたとたんに、私はもう一人、書きたしたいサムライのことを思い出した。やはり箱館で戦死した幕末の名剣士・伊庭《いば》八郎である。

第二十七話　野ざらし

『鬼平犯科帳』の作家・池波正太郎さんは、

「いちばん好きなサムライは誰か？」

と、問われ、

「伊庭八郎」

と答えたと、どこかに書いておられた。

いかにも江戸っ子侍らしい一本気な八郎の生きざまは、さわやかだ。裏表がない。池波さんが惚れたのは、八郎のそういう気性だったにちがいない。池波さんもまた、根っからの江戸っ子である。

八郎は、目的を達成するためなら手段をえらばない薩長のやり口を嫌った。というより、そもそも権謀術数とは、性分が合わなかった。ともかく、八郎を知る誰もが、切なくなるほど、真っすぐに生きた。享年二十七。

八郎は、門弟、千余といわれる剣の名門、心形刀流《しんぎょうとうりゅう》の伊庭家の長男として生まれた。伊庭家には、流派の後継者は実力を第一とし、かならずしも実子に限らぬという家法があった。八郎は父軍兵衛の死亡時、まだ十五歳の少年。しかも剣より学問に熱中する本の虫。軍兵衛は死に際し、高弟堀和惣太郎を養子に迎え、道場を継がせた。律義な惣太郎は、伊庭家代々の名称「軍兵衛」を名乗るのを遠慮し、「軍平」と名乗り、さらに八郎を養子にして後継《あとつ》ぎとさだめ、わが子以上に可愛がった。この義父の深い愛のこころが八郎を動かさないはずはない。八郎は十六歳の春、飄然と道場へ姿をあらわし、本気で竹刀《しない》をにぎった。上達の早さは、門弟たちはもとより、軍平までが、「あれは天与の才だ」と、舌をまくほどであった。

伊庭家は代々、禄高二百俵の幕臣である。八郎は将軍の小姓をつとめ、鳥羽・伏見の戦いに従軍し、銃弾を腹にうけた。このときは軽傷だった。江戸へもどるや、すぐさま抗戦派に加わり、出陣した。江戸へ進撃する新政府軍と箱根で交戦中、今度は左腕を打ち抜かれ、重傷をおった。

熱海に投錨中の幕府の軍艦・蟠竜にかつぎこまれ、治療をうけたが、傷が悪化。腕を切断しなければ、壊疽《えそ》で命をうしなう、と診断された。

しかし医薬品は底をついていた。麻酔薬がない。

「かまわん。やっていただこう」

八郎は、平然として、腕を切り落とさせた。これほどの目にあっても、八郎は懲《こ》りなかった。

幕府瓦解後、横浜から外国船で箱館入りした。明治二年四月、松前に上陸した新政府軍の反攻で、松前と箱館の中間、木古内《きこない》での戦闘は、凄惨をきわめた。八郎はまっ先に敵陣に突入し、片手で縦横に剣をふるった。しかし、またしても銃弾をうけた。腕のない左肩へ二カ所、右の太股へ一カ所、いずれも貫通銃創であったが、出血がはげしく、軍艦・回天で五稜郭へ運びこまれたときは、今度こそ、もう身動きができなかった。息をひきとったのは、第二十四話「狐雨」の箱館戦争最後の激戦、五月十一日の翌朝であった。

箱館戦争での幕兵戦没者は八百十七名といわれるが、そのうち名前までわかっているのは、昭和五十九年刊『箱館戦争のすべて』（新人物往来社・須藤隆仙編）に掲載されている五百三十一名だけである。大部分は箱館市街戦で死んだ。数は正確にはわからない。

これにはワケがある。

五稜郭にこもった榎本軍が降伏したのは五月十八日。政府軍はただちに自分たちの戦死者二百八十六名を手厚く葬ったが、おびただしい幕兵の遺体は、賊軍の屍《しかばね》という理由で、葬ることを許可せず、野ざらしにして、カラスの群がるにまかせた。日がたつにつれ、町中に放置されたままの屍は腐敗し、悪臭を発して住民をなやませた。しかし後難をおそれ、誰も手が出せない。

ここに決然として、立った者がいた。

かの侠客、柳川熊吉である。

第二十八話　碧血碑

柳川熊吉の前身は、すでに第十四話で紹介したので、ご記憶のことと思う。彼もまた江戸っ子である。箱館へ流れてきて、奉行の堀織部正に可愛がられ、武田斐三郎が堀の命をうけて五稜郭の築城工事にたずさわったときは、その配下で大いに働き、堀の恩顧にむくいた。のちに六百人からの子分をもつ侠客の大親分になった。

ついでながら、榎本武揚は十六、七歳のとき、堀につれられて箱館へ来たことがあり、熊吉は榎本とも旧知の仲であった。

建立当時の碧血碑(函館市中央図書館蔵)

戦火が箱館に及ぶや、熊吉は消防団を組織して市中の警戒にあたった。

さて、前話で述べたように、榎本軍破れ、おびただしい幕軍の遺体は野ざらしのまま腐敗。町中に死臭が充満し、住民は困りはてた。しかし政府軍の目がきびしく、後難を恐れて手出しができない。

熊吉は見て見ぬふりができなかった。日頃から懇意にしている実行寺《じつぎょうじ》十六世住職・日隆に相談し、意を決して、一夜、大勢の子分をかり出して死体を集め、実行寺の境内に埋めた。

たちまち政府軍の知るところとなり、激昂した兵たちに捕縛され、見せしめのため、斬首ときまった。

これを聞いたのが、政府軍の軍監・田島圭蔵である。薩摩藩出身の圭蔵は、かつて江戸で武田斐三郎に蘭学を学んだ。門下生である。熊吉があわや処刑寸前というところへ駆けつけた。

熊吉は圭蔵の命乞いによって助け出された。

実行寺に葬られた幕軍の遺骨は、明治四年、箱館山中腹に改葬。さらに七回忌にあたる一八七五（明治八）年、東京で榎本軍の生き残りの人たちが金を出しあい、伊豆産の巨大な石材で碑をつくり、海路函館へ運んだ。幕軍八百余名の遺骨は、最後にここに眠ることになった。これが今も山麓の谷地頭《やちがしら》に建っている「碧血碑《へっけつひ》」である。

碧血とは、「義に殉《じゅん》じた武人の血は、三年たてば碧《あお》い色に変わる」という中国の故事による。

柳川熊吉（函館市中央図書館蔵）

毎年六月二十五日、熊吉の子孫や有志によって碑前で慰霊祭がおこなわれているが、この日は旧暦になおせば、かの千代ヶ岱陣地で中島三郎助が戦死した五月十六日にあたる。

読者の中に、もし碑を訪れる方があれば、そのわきにひっそり建っている「柳川翁之寿碑」にも、目をとめていただきたい。碑文は実行寺十九世・日謙が書いた。

その熊吉だが、晩年はヤクザ稼業からすっかり足を洗い、碧血碑の近くに、柳川鍋と蕎麦をたべさせる「柳川亭」という小料理屋を出し、碑の掃除とお守りをしながら、一九一三（大正二）年十二月、八十八歳の生涯を終えた。

第二十九話　江戸侍

以上で、戦死した幕兵たちのことはおしまいにするが、ペンを措く前に、生き残って、ついにエゾ地で果てた幕兵のことも附記しておきたい。

名を梅谷十次郎という。江戸育ちの微禄の御家人である。

蛇足ながら、将軍の直属家臣団のうち、将軍に謁見できる身分の者が旗本、できない者が御家人である。

十次郎は彰義隊に加わり、上野で戦ったが敗北。北へ走って榎本軍に参加するも、再び破れて降伏し、生き残りの幕兵たちと共に、最後に敗残の身を、雪深い石狩浜の寒村の厚田に寄せた。

彼はこの地で、妻の養女イシに生まれてまもなく捨てられた義理の孫・松太郎に、ほとんど盲愛に近い愛情をそそぎ、文字通り、ふところに抱いて育てた。子守唄がわりに、夜ごとに郷愁をこめて、江戸の人びとの人情や美しい風物を語ってきかせた。

小学校を卒業した孫が、函館商業学校の受験(出張試験)のため、祖父に連れられて、厚田村から初めて札幌へ出たのは、一九〇二(明治三十五)年のこと。無事に合格して函館へ向かうとき、十次郎は孫のために、それまで肌身はなさず持ち歩いた、たった一つの江戸の形見の金時計を売りはらい、学費をつくった。

この松太郎こそ、のちに読売新聞記者となり、幕末史研究に欠くことのできない不朽の名著『新選組始末記』(聞き書き)を世にあらわした作家・子母沢寛(筆名)である。彼は幼い日に見た北海の淋しい浜辺の光景や、賊徒としてむなしく異郷に没した祖父の面影を、生涯ひきずって生きた。祖父を慕う心が、時勢の渦に巻き込まれ、自分ではどうすることもできずに朽ち果てた新選組隊士への同情となり、生き残りの隊士の体験談や古老の見聞を丹念に記録し、一九二八年、同書を世に問うた。

彼を捨てた実母イシにもふれておこう。三岸イシは恋多き女だった。生まれは、私が少年時代を過ごした函館の地蔵町である。厚田の梅谷家で育ち、結婚して松太郎を生んだが、加賀の医師くずれの橘巌松と恋仲になり、前夫と乳飲み子をおき去りにして、札幌へ駆け落ちした。

巌松とイシは、札幌のススキノ遊郭で、当時一、二といわれた妓楼・高砂楼にころげ込み、巌松は番頭、イシは女中として働いた。のちに明治大学で苦学する松太郎に、学費を援助したのは、義父の巌松である。

この二人の間にできた男の子が、のちに「近代日本洋画界の青春期を駆け抜けた天才画家」と評された三岸好太郎である。好太郎は一九〇三（明治三十六）年生まれ。札幌一中（現南高）卒業を期に上京。独学で絵を学び、一九二四（大正十三）年、二十二歳のとき、春陽会賞をトップで受賞し、一躍脚光を浴びた。しかもこの年、女子美術学校を首席で卒業したばかりの吉田節子と結婚。のちの三岸節子である。好太郎は三十一歳で急逝するまでのほんの十年ほどの間に、変幻自在な作風の作品を次々発表した。彼は生涯を通じて多くの女性に恋をした。実母のイシの血統だろうか。

寛は実直でたぐい類な愛妻家、好太郎は型破りの放蕩無頼派と、異父兄弟は性格が対照的だが、終生仲が良かった。

好太郎の出世作、春陽会金賞受賞の「兄及び彼の長女」という絵のモデルは、寛とその長女てるよである。

一九三四年（昭和九）年に名古屋で急逝した好太郎のもとへ、最初に駆けつけたのは寛であった。

第五章　賊軍の町

第三十話　開明派

箱館は戊辰戦争で抗戦派の人たちの最後の砦《とりで》になったが、ご承知のように、そもそもは武田斐三郎をはじめ開明派の人たちが活躍した国際都市なのである。

新政府の代表、清水谷公考総督らの一行が初めて箱館に入ったのは、まだ戦火が五稜郭に飛び火する前の一八六八（慶応四）年閏《うるう》四月二十六日のことであった。

一行は称名寺で休息をとり、翌日、最後の箱館奉行・杉浦兵庫頭《すぎうらひょうごのかみ》と五稜郭の奉行所で対面した。

杉浦は忠実な幕臣だが、「歴史の歯車がどのように回っているかを的確につかんでいた。開明派といわれた岩瀬忠震や川路聖謨や栗本鋤雲や勝海舟らと同様にである（略）坂本龍馬と徹宵で語り合うほど新しい時代を理解していた」（田口英爾著『最後の箱館奉行の日記』新潮選書・一九九五年刊）。

彼はアジアにおける帝国主義列強の動向にも通じていた。だから箱館奉行として、

杉浦兵庫頭誠　明治初期撮影

日本の最北の領土、カラフトの防衛にも心を砕いた。幕府陸軍が鳥羽・伏見で大敗したことを知って動揺する警護諸藩が、勝手に現地を引揚げないように、厳重に注意した。

「もし支配向が現地を引揚げてしまったならば、ロシア人は（略）たちまち南進してくるだろう。どんな風説があろうとも、命令があるまでは落ちついて在勤するよう指示した（略）北方の守りは天下の大計である。徳川家としては滕元が大変な時期であるとはいえ、事は国体に関

わる大難事である」（同書）

それ故、新政府の代表一行が箱館へのり込むことを知ったロシア領事ピューツォフが、杉浦に「武器や援兵が必要なら協力しよう、一戦交えたら——と誘った（略）杉浦はきっぱり謝絶した」（同書）。

幕府海軍の中心人物だった勝海舟もそうだが、彼らの眼中には、勤王も佐幕もなかった。ただ日本国あるのみ。だから相手を倒すため、帝国主義列強の力を利用することに断固反対した。「毛唐の手をかりれば、喰物《くいもの》にされ、国を失う」（子母沢寛著『勝海舟』）。

杉浦の英断により、エゾ地は新政府へ無事引き渡された。これまで幕府がすすめてきた開拓事業も、新政府に引き継がれた。

榎本軍が箱館へ攻め入ると、総督は部下をひきつれ、一旦、青森へ逃れたのち、翌六九（明治二）年四月、江戸から北進してきた新政府軍と共に松前へ上陸、箱館総攻撃に加わった。

明治政府が本腰でエゾ地開拓の行政機関「開拓使」を設置したのは七月である。八月には「エゾ地」を「北海道」に改称。人心一新のため、旧幕領時代の華やかな余韻がそのまま残る「箱館」を「函館」に改め、いよいよ明治政府の威信をかけた北海道開拓という国家的大事業がスタートする。

ここまでが箱館の黄金時代であった。

第三十一話　賊軍の町

話は少し飛ぶが、函館人の特性として、今でもときどき、札幌の人たちから、

「函館の人は排他的だ」

と言われることがある。

思いあたるフシがないではない。

私が子供の頃、もちろん戦前の話だが、まわりの大人は、函館から北、つまり北海道の内陸部のことを、もっと率直にいえば、明治政府がつくった札幌のことを、「奥地」と呼んでいた。野蛮な、辺境の地の意味だ。

私の母は私が六つのとき亡くなったが、母には弟が一人いて、私を大へん可愛がってくれた。その叔父は、たまに札幌へ出かけるときがあると、

「嘉《よ》っちゃん、ちょっと奥地《オク》へ行ってくるよ」

私の頭を撫でてくれながら、そう言った。

「札幌へ行ってくる」

とは、決して言わなかった。

叔父だけではない。大人はみんな、札幌のことを奥地と呼んでいた。私の祖母もそうだったが、年寄りになればなるほど、まるで仇討でもするみたいに、頑固に「オク」と呼びつづけた。

実はこれ、函館人のコンプレックスとでもいおうか、負け犬の遠吠えなのである。箱館戦争で、官軍の薩長にプライドの鼻っ柱をヘシ折られた、函館人の陰湿な抵抗なのである。

ためしに手近の英和辞書で「コンプレックス」の頁をめくってみたら、

「複雑な」

「毛嫌い」

「強迫観念」

と、あった。

全くその通りなのだ。それが札幌に対する函館人の感情なのである。

私は少し前の章に、「箱館戦争は、箱館っ子の性格に影を落とした」と書いた。もう一度、くり返して言おう。

くどいようだが、榎本軍の上陸と占領は、開化の夢に酔っていた箱館の住民にとって、まさに青天のヘキレキであった。実に迷惑千万《せんばん》な押しかけ客であった。

しかしまた新政府軍も、迷惑な客であることには、かわりはなかった。なにしろ、住民がどんなに困り果てても、町中に散乱している榎本軍の死骸に手をふれさせない。

それだけではない。当時の庶民の社会通念では、「誰であろうと、死んだらホトケ」の筈だが、

「われらは官軍、あれらは賊軍」

と、威丈高《いたけだか》。

サムライが大事と考える政治むきのことより、住民にとっては、日々の暮らしむきの方がずっと大事だから、こっそり死骸を片づけようとすると、

「おのれ、賊軍に味方するか！」

虫ケラなみに追っ払われ、くやしさで腹の中が煮えくり返る思いをさせられた。

〈この野蛮人の唐変木《とうへんぼく》め！〉

腹の中でそう叫んだ。

自分たちが文明開化の黄金時代の絶頂から、あっというまに奈落の底へ突き落されたことをしみじみさとった。

第三十二話　北の都の高級ホテル

何度かふれたように、今でこそ北海道の行政や経済の中心は札幌だが、かつては函館がその役割をになってきた。しかし明治政府は一八七一（明治四）年、北海道開発の軸足を函館から札幌へ移した。開拓使本庁を札幌に置いた。

都市もまた、時の旅客である。

やがて札幌は巨大な官都に成長し、函館はノスタルジックなただの商人町になった。

二つの町の都市としての性格を物語るのは、それぞれの町のホテルである。

札幌の中島公園に国指定重要文化財「豊平館」がある。文明開化期に建てられた現存する日本の木造ホテルの中で、最古の高級ホテルである。この瀟洒な建物は、北海道開拓使によって、一八七九年に着工、翌年完成した。東京にかの鹿鳴館が完成する三年前のことである。当初、建物は現在の大通公園のテレビ塔の北側にあった。

建物は地上二階、地下一階。地上は木造、地下は石造り。一階にはロビー、客室四、食堂、ビリヤード室。二階には客室四と宴会場。客室はすべて次の間つきの、今でいうスイートタイプ。

函館市街西部（函館市中央図書館蔵）

宴会場はダンスパーティーに利用できるように床に工夫がほどこされている。

私はときどき豊平館へ行くが、行くたびに、赤いじゅうたんを敷きつめた階段や黒光りする手すり、天井の豪華なシャンデリア、ゆったりした通路など、どこを眺めても、気持ちがやわらぐのを覚える。ほの暗い静謐な空気が心にしみとおる。

それもそのはず、豊平館はそもそもは皇族や高級官僚、あるいは北海道開発のためのお雇い外国人を宿泊させるのが目的の官営ホテルであった。

豊平館に最初に宿泊した人物は明治天皇である。一八八一年八月に行幸し、同月三十日から九月二日まで四日間滞在、二階右奥の客室を御座所にされた。

一方、開港以来、外国船が殺到した函館には、和洋折衷の木造異人宿が次々と開店した。

近頃の若い人は、函館西部の海岸沿いの赤レンガ倉庫群が建ち

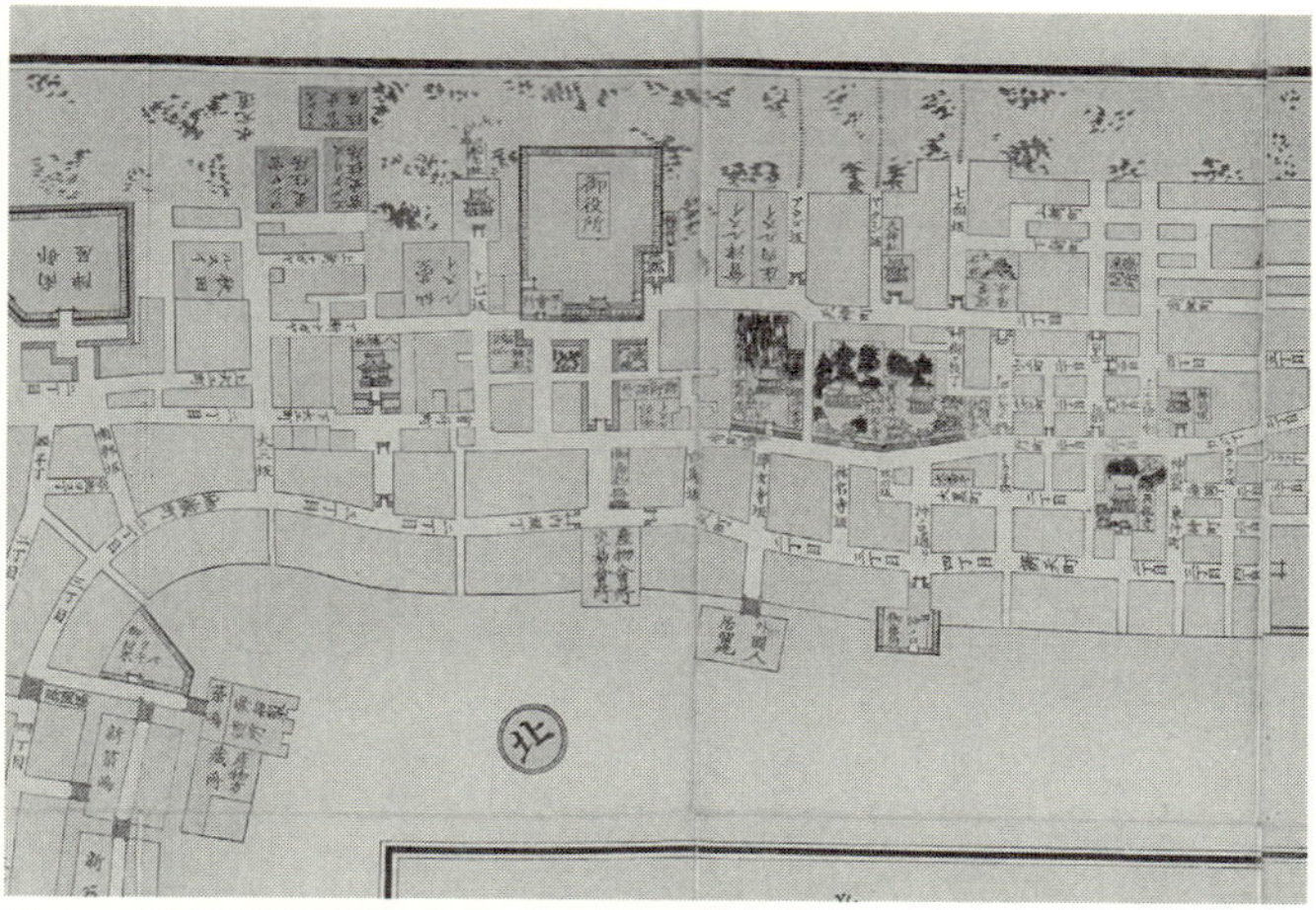

沖の口番所付近地図（函館市中央図書館蔵）

並ぶベイエリアを、「西波止場」とか「赤レンガ倉庫群」というしゃれた名称でしかご存知ないようだが、せっかくの機会なので、この一帯についてざっと述べておこう。

明治のはじめ、西部海岸地区には西浜町、仲浜町、東浜町の細長い三町が港湾にそって縦一列に並んでいた。西浜町は現在の西浜岸壁で、昔々は北前船の船つき場。仲浜町は昔、本州から来た者をしらべる「沖の口番所」があったところ。新島襄が一八六四（元治元）年夜半、米船ベルリン丸に乗りこんで脱出したのは、ここからであった。明治に入ると、函館港内を取り締まる「水上警察署」や外国貿易の窓口「函館税関」が置かれた。明治中期には広東《かんとん》屋敷と呼ばれる華僑の豪奢な邸宅が軒を並べた。

東浜町は旧桟橋（東浜桟橋）を中心としたとびき

り賑やかな町であった。なにしろ一九一〇（明治四十三）年に若松町に青函連絡船が直接着岸できる桟橋が完成するまでは、ここが文字通り北海道の玄関口であった。

第三十三話　火事と写真

本州から海峡を越えてきた人々は、湾内に停泊した連絡船からハシケや小蒸気船に乗り移り、東浜桟橋に上陸、ここから北海道の第一歩をふみ出した。一九〇三（明治三十六）年夏、初めて函館の土を踏んだ東京の日刊新聞「万朝報」の記者、幸徳秋水は、紙面を飾った旅行記に、このときの感懐をこう述べている。

「いったん津軽海峡をとびこえると、たちまち夜が明けたような感じである。言語において、風俗において、電灯・電話などの物質的進歩において、東京のほうが恥ずかしく思われるくらいであった」（須藤隆仙『箱舘開港物語』北海道新聞社・二〇〇九年刊より）

海岸から函館山の中腹にかけての市街地を、しゃれた洋風や和風の建物が整然と埋めつくして

勝田旅館(函館市中央図書館蔵)

いた。桟橋附近には旅館や飲食店が軒を並べ、ハシケが着くたびに、客引きがにぎやかにつきまとった。数ある和洋折衷旅館のなかで、最も有名なのが木造三階建てのKATSUTA HOTELこと勝田旅館本店であった。後述するように、函館は火事が名物。一八九二年から一九〇九年にかけての十七年間に、三十五回も火事があった。贅を尽くした初代の勝田旅館も、瀟洒な二代目も、類焼して現存しないが、さいわいなことに、函館は日本の黎明期の写真王国。今に残る数々の写真で、その華麗なたたずまいを充分にしのぶことができる。

函館は過去何度も大火に見舞われている。私は五歳のとき、史上空前の大火災といわれた所謂「昭和九年の函館大火」を体験しているが、函館は海に突き出た島嶼状の地理的環境から風が強く、出火するとまたたくまに燃え広がってしまうため、大火がくり返し発生した。明治期には一九〇七（明治四十）年の大火が市街地のほとんどを燃えつくした。わが家の菩提寺の称名寺なども、明治十二年、二十九年、四十年と三回も類焼している。函館はたびたびの火災に遭遇しながらも、しぶとく発展した。

さて私は、これから勝田旅館を舞台にしたある感動的な恋の顚末を語っておきたいと思うのだが、ついでなので、その前に、開港からまもない当時の函館の写真界について、お話ししておきたい。函館は西洋文明に接する機会が早かったので、日本の写真界の草分けの木津幸吉、横山松三郎、田本研造などの先覚者を輩出した。彼らは互いに協力して写真を研究しあった。

新潟県出身の木津が函館の弁天町で仕立屋を開業したのは安政末年のこと。一八五八（安政五）年に着任したロシア初代領事ゴスケウィッチの洋服を縫ったのが縁で、彼から写真術を学んだ。のちに木津は自分が撮った写真をすべて田本に託して、箱館府知事清水谷公考について東京へ出た。

同じくゴスケウィッチに写真術を学んだ人に、横山がいる。かの高田屋のエトロフ漁場の支配人の子である。一八六二（文久二）年、箱館奉行所の健順丸で上海へ渡航し、写真を研究。帰国後、横浜で写真師として名声を得ていた下岡蓮杖に師事。箱館戦争で戦死した中島三郎助父子を撮影し今に残したのは松三郎である。彼は木津や田本に研究成果を伝えた。のちに東京上野不忍池に私塾を開き繁昌した。又、陸軍士官学校の教官となり、写真術を講義した。一八八四（明治十七）年、四十七歳で死去。墓は函館の高龍寺にある。

田本研造は一八三一（天保二）年、三重県熊野市の生まれ。長崎に遊学し、一八五九（安政六）年に通訳松村喜四郎が箱館へ転勤する時に同行。ところが悪性の壊疽《えそ》にかかり、ロシア領事館医師ゼレンスキーの手術をうけ、右足を切断した。これが縁で、彼から写真技術を本格的に学んだ。木津とともに写真術を研究し、一八六九（明治二）年、末広町に豪壮な写真館を建て、大いに繁昌した。かの新選組の土方歳三やブリューネ大尉等々のフランス軍人たちの写真を撮ったのは田本である。一九一二（大正元）年、八十一歳で死去。墓は立待岬へ行く途中の住吉町の共同墓地にある。

今日、われわれが黎明期の函館の町並みや通りを手にとるように知ることができるのは、これらの先覚者のおかげである。

第三十四話　レイモンさんのこと

私がその赤ら顔のヘンな外人をはじめて見かけたのは、敗戦の年からしばらく後、まだ旧制弘前高校の学生だった頃のことだ。夏休みに函館へ帰省した私は、散歩がてらの元町界隈で、一度ならず、その外人とすれちがった。見るからに頑固者らしい面構えの中年男は、私と二度三度、目が合っても、ニコリともしない。何かに憑かれた目をしていた。

私はやがて人づてに、その男が噂に聞くハム、ソーセージづくりの職人、カール・ワイデル・レイモンだとわかった。

私が彼の素性をくわしく知るようになったのは、それからずっとずっと後、勝田旅館について調べるようになってからである。

レイモンは一八九四（明治二十七）年にドイツ・ボヘミア地方（現在のチェコ）のカルルスバードで四代続く食肉加工職人の家に生まれた。当時、世界最大の食肉会社、米国アーマ社で缶詰の大量生産技術を習得し、故郷へ錦を飾る途中、かねてより憧れの「サムライの国」日本へ立ち寄った。一九一九（大正八）年、二十五歳の春であった。この時、まさかこの国で一生をすごすことになろうとは、彼自身、夢にも思わなかったにちがいない。

横浜へ上陸したレイモンは、たちまち日本の美しい風景や素朴な人情に魅せられた。そればかりか、東京で知りあった東洋缶詰会社の重役・柳沢伯爵と意気投合し、一年間、ハム・ソーセージづくりの指導をひきうける。翌年には東洋缶詰へ缶を提供している米国セール・アンド・フレーザー商会から技術指導を要請され、函館へおもむいた。函館はフレーザー商会と、のちに世界最大の漁業会社となる日魯漁業との合同企業の基地だった。

レイモンが函館で常宿にしたのは、ほかならぬ、東浜町の勝田旅館であった。

ここで彼は、一世一代の大恋愛をする。

恋の相手は勝田旅館の箱入り娘のコウである。

コウは英会話ができた。朝な夕な、挨拶をかわすうちに、次第にうちとけ、この異国の若者と恋におちた。しかし両親はもとより親戚一同が揃って猛反対。とうとう新聞種になった。

二人の意志は固く、一九二二（大正十二）年、遂に駆け落ちする。

ここまでなら、世間によくある話である。ところが、二人が目ざした所がすごい。別々に姿をくらました二人は、中国の天津のホテルで落ち合い、なんと、ここからヨーロッパへ向かう汽船に乗りこんだのである。俗に「恋は盲目」と言うが、コウの度胸たるや、いや情熱というべきで

あろうか、尋常ではない。なにしろ、まだ時代は詩人の萩原朔太郎が、

ふらんすへ行きたしと思えども
ふらんすはあまりに遠し

（大正十四年刊『純情小曲集』より）

とうたった頃のことだ。

二人がたどりついた先は、フランスよりもっと遠いカルルスバードのレイモンの生家であった。レイモン一家はコウをあたたかく歓迎し、二人は地元の教会でめでたく結婚式をあげた。カルルスバードで開業したレイモンのハム・ソーセージ店は大いに繁盛した。

それからざっと三年目、レイモンは知らない土地で神経をすりへらすコウのために、一大決心をする。

ある日、妻の肩を抱いて、ひと言、こう告げた。

「日本へ帰ろう！」

第三十五話　望郷

一九二四（大正十三）年、再び函館の地にもどった二人がまっ先に訪ねたのは、なつかしい勝田旅館であった。

しかし旅館は影も形もなかった。前年の火事で類焼したのだった。

どん底状態で再建に追われていた両親は、二人の顔を見ると、泣いて喜んだ。親せきや知人を集めて結婚披露宴をもよおし、晴れて夫婦生活をスタートさせてくれた。

二人は函館駅前にハム・ソーセージの店と小さな工場を開業した。お客はほとんどなかった。ところが函館に寄港したドイツの軍艦から大量の注文が舞いこみ、一ぺんに評判が広まった。資金ぐりも好転し、一九三三（昭和八）年には、郊外の大野町に、牧場をあわせもつ三千坪の工場を開設するに至った。

それ以上に夫婦を幸せにしたのは、待望の子宝に恵まれたことである。栗色の髪の女の子は、フランチェスカと名づけられ、夫婦の希望の星となった。

だが、禍福はあざなえる縄のごとし。このコトワザのとおり、この世の幸と不幸は入れかわりたちかわりやって来る。

一九三七年、日本軍と中国軍は北京近郊盧溝橋《ろこうきょう》で武力衝突。これを機に、遂に全面戦争に突入。翌年、レイモン夫妻の身に思いがけない災難が降りかかる。彼のような日本びいきの外国人までが迫害の対象にされた。札幌の北海道庁から突然、大野工場を僅か五万円で強制的に買収するという命令書が届く。住む所さえなくした夫妻は、やむを得ないので、その金で元町に一軒の家を買い求め、ひっそりと過ごさざるを得なくなった。

レイモンが自宅横につくった小さな工場でやっと製造再開にこぎつけたのは、敗戦から三年たった一九四八年のことであった。


……今にして思えば、高校の夏休みに帰省した私がレイモンと出会ったのは、きっとこの頃にちがいない。私は見るからに頑固者らしいレイモンさんの面構えをなつかしく思い出す。

〈ああ、道理であの時は、何かに憑かれた目をしていたわけだ！〉

ドイツの伝統的製法をかたくなに守りつづける彼の手作りハムやソーセージが、遂に日の目を見た。函館を代表する名産品として、トラピストのバターやクッキーと並んで、全国に知られるようになった。一九七四年には西ドイツ大統領から功労勲章十字章を贈られる。それからは順風満帆。一九七九年、財団法人サントリー文化財団が設けた第一回地域文化優秀賞を受賞。その後も次から次と名誉ある賞をうけ、事業の後継者も育った。

一九八四（昭和五十九）年、老夫婦は、突然、ドイツへ旅立った。結婚してミュンヘンに住むフランチェスカと暮らすためだ。レイモンは九十歳になっていた。

しかし、あれほど憧れていた娘の家なのに、最後の安住の地とはならなかった。人生のほとんどを過ごした函館への望郷の念が、夜ごとに老夫婦をさいなんだ。遂に二人で相談しあって、たった半年でドイツを引き揚げた。

喜びも悲しみも共にした函館こそ、二人が心から安らげる土地であったのだ。

一九八七年十二月一日、レイモンはコウに見守られ、永遠の眠りについた。享年九十三であった。

……私は去年の春も中島公園にある豊平館へ行った。札幌のほぼ中心部にある豊平館は、水と緑が豊かで、美しい建物をより美しく引き立てている。私はここで催される音楽会が好きだ。札幌は一九七二（昭和四十七）年に開催された冬季オリンピックを境に、町並みも風景もおそろしいスピードで変貌したが、このホテルの中だけは、時間が昔と変わらずにゆったりと流れ、官営ホテルだった頃の豪奢な雰囲気を今に伝えている。

それにひきかえ、かつて勝田旅館があった函館の東浜桟橋周辺は、今ではさびれ果てて人影を見ない。昔の繁華喧騒がウソのようだ。

私の脳裡を鴨長明の『方丈記』の一節が掠めた。「行く川の流れは絶えずして、しかも、もとの水にあらず。よどみに浮かぶ泡沫は、かつ消えかつ結びて、久しくとどまりたる例なし……」

勝田旅館のことは、もはや土地の人でもおぼえている人は稀だろう。私は郷愁につきまとうかすかな心の痛みにおそわれ、立ちつくした。

第三十六話　それからの函館

ホテルの話はこれくらいにして、ともかく函館は、明治政府が北海道開発の軸足を札幌へ移したことにより、かつての政治的地位を失った。だが、幸いにも本州と北海道の結節点という地理的条件から、商業都市として、その後も成長していった。その上、一九〇四～〇五（明治三十七～八）年の日露戦争後は、ロシア領での漁業、すなわち北洋漁業の策源基地となり、それにかかわる諸物資や海産物の巨大市場と化した。また、それに要する膨大な労働力の市場ともなった。

私の母校の函館中学（旧制）の先輩に、一九三〇（昭和五）年の武装共産党の大検挙で逮捕された田中清玄がいる。彼は一九一八（大正七）年入学の二十六期生。私は五十期生である。田中は公判の法廷陳述の冒頭で、

「私ノ通学シタ函館中学ハ自由主義的デ植民地気分ノアル土地ノ気風ヲ反映シテイタ」

と述べた。

彼は当時、「天皇制打倒」をかかげる日本共産党の中央委員会委員長のポストにあった。武装共産党と呼ばれたのは、拳銃百挺、機関銃十挺で武装していたからである。官憲殺傷五十数件という武装集団で、もちろん非合法組織であった。

のちに田中は、われわれ後輩に、講演会でむかしの思い出を率直に語ってくれた。

「函中の環境とその中での十代期の生活は、私の情感に深く広い影響を与え、私の心魂には函中の持つ自由な空気、特に大正デモクラシーの風潮が強く刻み込まれたのです」

（昭和五十二年校友会誌「函中の想い出と自由独立の風潮」）

彼は母校の学風について何度も書いているが、次の文章もその一つである。

「函館中学は自由主義の学風が横溢していた。端的にいえば、卒業生の中から『天皇の官吏』『陸海軍軍人』になったものがごく少ないのである。『反権力』というより『非権力』なのだ。権力に対して魅力を感じなかったといえよう。同窓会名簿を繰ってみると、陸・海軍関係は、二十一期に一人、二十四期に海軍経理学校が一人、二十五期も、私の出た二十六期も、一人もいないのである。その反面、二十六期の前後を見ると、農場主、牧場主、北洋漁業の事業主、医者、大学教授が断然多い。また文筆業に進んだものも多く、『丹下左膳』の林不忘、その弟のロシア文学者長谷川濬（『偉大なる王（わん）』の翻訳者）、芥川賞作家の長谷川四郎、モダニズム作家の久生十蘭、『新青年』の名編集者でエッセイストである納谷三千雄（水谷準）、朝日きっての博学記者・渡辺紳一郎、等々となっている。さらにつけ加えれば、函館商業（旧制）出身の劇作家・八木隆一郎、あるいは『酒は涙か、ため息か』の高橋掬太郎、喜劇俳優の益田喜頓なども『函館同時代人』である。函館中学には、当時トラピストに在住していた詩人・三木露風が教えに来ていた」

（『清玄血風録　赤色太平記』）

この一文は往年の函館中学の学風を伝えてくれるだけでなく、当時の函館という都市の様相を的確に描いている。港町函館が、明治政府によってつくられた官都の札幌や、軍都の旭川とは、全く異質な町であることをお察しいただけるとおもう。

第三十七話　会津の血

私は続けて先の一文に登場した同時代人たち、つまり函中の先輩たちのことを語りたいと思ったのだが、その前にまず田中清玄その人について補足する。

田中には会津武士の血が流れている。先祖は代々、会津藩の家老職をつとめた。

幕末の筆頭家老・田中玄純は、北方警護のため、幕命によりエゾ地へ派遣され、樺太、千島列島を巡守した。帰途、日高の勇払で病死。箱館の高龍寺に葬られた。家老職は従兄弟の田中土佐玄清が継いだ。

田中土佐は一八六二（文久二）年、藩主松平容保が京都守護職に任ぜられると、藩主に従って京都へのぼり、市中警備のため三千人の市中見廻り組を組織。近藤勇や土方歳三の新選組も登用。一八六四年に長州藩が大軍をひきいて京都を攻撃した禁門の変のときは、薩摩藩と共同でこれを粉砕し、孝明天皇より「不埒の国賊をしりぞけた」と感状並びに御製を賜った。しかしこの戦さで、長州と公家のはげしい恨みを買うことになった。

時は移り、一八六八年、戊辰戦争で会津城が落城するや、土佐は藩主容保になりかわって切腹した。見事な死であった。

さて、一方、エゾ地で病死した玄純の子孫は、函館近郊の七飯村に住みついた。この村は会津藩士と薩摩藩士だけの村であった。清玄はこの七飯村で生まれ、母一人子一人の家庭で育った。長じて函館中学から旧制弘前高校へ進学した。高校でも私の先輩である。彼は在学中に社会科学研究会（通称・社研）を組織し、共産主義者になった。

清玄の母は、彼が武装共産党の巨魁として逮捕された一九三〇年二月、わが子にあてて、

「死をもって諌《いさ》める」

と遺書を残し、自決した。

清玄は獄中で転向した。

私が初めて氏に出会ったのは、もう六十年近く前のことである。その頃、私は東京世田谷の東松原にあった氏の邸宅の近所に住んでいたが、邸前で出会った氏は、これが世間で、

怪物・黒幕・政商――

さまざまに噂をされる人物だろうかと疑うほど身だしなみのきちんとした紳士であった。

田中のことはこれくらいにする。続けて彼の同時代人について述べよう。


大正末期から昭和前期にかけて活躍した三人の超人気作家、谷譲次、林不忘、牧逸馬は、実は同一人物である。

本名は長谷川海太郎。

谷譲次名で「めりけんじゃっぷ」もの、林不忘名で時代小説『丹下左膳』、牧逸馬名で『この太陽』などの通俗小説やミステリー、怪奇実話を書いた。文体も傾向も全くちがう幾つものタイプの作品を鮮やかに書きわけ、あっというまに、当代随一の花形作家になったが、三十五歳の若さで急死した。

第三十八話　函館同時代人

海太郎の父は北海新聞、のちの函館新聞社長の長谷川世民こと淑夫《よしお》である。この親子には、どこか共通するところがある。世民は一九一〇（明治四十三）年、北海新聞に連載した記事で、明治天皇にたいする不敬罪に問われ、新聞は発禁、本人は一年間刑務所に入れられた。息子の海太郎が小学校五年生から六年生にかけての時だった。

二度目は一九一七（大正六）年。世民は函館新聞紙上にはなばなしく持論を展開し、選挙違反に問われ、再び刑務所にぶちこまれた。このとき海太郎の方は、函館中学の同盟休校事件（ストライキ）の首謀者として、学校当局と闘争中であった。

三度目は一九一九（大正八）年、世民は函館新聞に「トロッキー氏の『過激派と世界の平和』を読む」という記事を発表し、新聞条例違反の罪に問われた。

世民は自分の思想や信条のためには、獄舎につながれてもひるまなかったが、息子も同様であった。こういう気風は、長谷川親子や先述した田中清玄だけではなく、当時の函館に横溢していたように思われる。

海太郎は函館中学第十九期生。一九一八（大正七）年、十八歳で単身渡米。雑多な職業を転々としながら大学で学び、二十四年に帰国した。帰国のときは、貨物船に石炭夫としてもぐりこみ、南太平洋を横断。寄港先の大連で脱船し、着のみ着のまま、朝鮮（韓国）を経て帰ってきた。

この六年間の放浪生活の体験の結晶が、谷譲次の筆名で雑誌「新青年」に発表した風変わりな

丹下左膳

在留邦人たち「めりけんじゃっぷ」の物語である。

彼を「新青年」に紹介したのは、のちに同誌の編集長となる函中後輩の水谷準だった。

奇才の久生十蘭にはじめて小説の執筆をすすめたのも、この水谷準。

海太郎の成功はあまりにも早くやってきた。めりけん物の第一作『ヤング東郷』を一九二五（大正十四）年に発表してからわずか一、二年で文壇にのしあがった。次いで林不忘名で発表した新聞時代小説『新版大岡政談』が大評判となり、一躍、流行作家になった。さらに牧逸馬名で発表した『地上の星座』（主婦之友・昭和七年～）が女性読者を熱狂させ、三つのペンネームの中で最もはなやかな人気を得た。

片目、片手の異様な殺人鬼、丹下左膳が登場したのは、一九二七（昭和二）年のこと。左膳の風体《ふうてい》たるや、尋常ではない。無残につぶれた右眼、その眉から頬にかけてザックリと割れた深い刀痕。残る左眼をギョロリと見開き、唇をへの字に結んでいる。右腕もない。幽鬼さながらの浪人者の人斬りである。

「この刀で、すばりとな、てめえ達の土性ッ骨を割り下げる時がたまらねえんだ」

林不忘の『新版大岡政談』はこの年の十月から「大阪毎日新聞」と「東京日日新聞」の二紙に同時に連載された。

夢想流小野塚家秘蔵の大小一対の名刀・乾雲《けんうん》、坤竜《こんりゅう》は、諸国大名が垂涎《すいぜん》の太刀である。別々に離すと互いを求めてむせび泣き、流血の惨を見るという。左膳は刀剣マニアの主君の命により、名刀強奪のため江戸の町に血の雨を降らせる。巻頭、いきなり小野塚道場を襲い、主人の鉄斎と弟子十数名を斬殺する。

実は『新版大岡政談』は題名からわかるように、大岡越前守が主役である。しかし作者が敵役《かたきやく》として登場させた怪剣士・左膳が読者に圧倒的にうけた。

第三十九話　片目片手の殺人鬼

悪玉の残忍な殺人鬼の丹下左膳が評判になると、これに目をつけた映画会社は、きそって映画化を申しこんだ。連載なかばで、はやくも日活、マキノ、東亜の三社競作に決まった。ところが肝心の作者の林不忘は、途中で、ヨーロッパ周遊旅行に出発してしまった。連載原稿は旅先から、1回分ずつ、郵送で新聞社へ届けられた。

実は丹下左膳を、一世を風靡するヒーローに仕上げたのは、一九二八（昭和三）年五月に封切られた伊藤大輔監督、大河内伝次郎主演の日活映画『新版大岡政談第一、二篇』『第三篇』である。

伊藤監督は『第一、二篇』を撮り終わっても、作者の原稿がまにあわないため、『第三篇』の撮影を続けられなくなり、やむを得ず、シナリオを自分で作り、独自のラスト・ストーリーを展開した。すなわち、大河内伝次郎が扮した残忍な殺人鬼の行動に、主君の相馬大膳亮に忠誠をさげつくして、あげくのはてに裏切られた男の、絶望的な反抗というストーリーを盛りこんだのである。右眼がつぶれ、しかも左手しか使えないハンデキャップを背負った浪人者の壮絶な立ち回りに、観客は興奮し、ラストの凄惨な乱闘シーンでは、総立ちになった観客の拍手と絶叫で、映画館が割れんばかりにどよめいた。

『第三篇』の結末はこうだ。

徳川将軍吉宗の火急のお召しにより、あわてて殿中へ参上した相馬大膳亮は、大岡越前守のきびしい詮議をうけ、家臣である左膳を見捨てる。

「近時、丹下左膳なる者、相馬公の秘命と称して、名刀争奪の禍乱をおこし、言語道断の暴状。公がかかる不逞の浪人に秘命を下さるるが如きことは、よもやなきものと存ずるが……」

「もとより。かかり合いなし」

大膳亮の行列は、下城の道すがら、今宵もまた坤竜を求めて巷を徘徊する左膳に出会う。かけ寄る左膳に、こう言い放つ。

「汝はもはや家臣にあらず。刀はいらぬ」

主君をうしなった左膳は、越前守配下の捕手に囲まれ、追いつめられ、死闘を重ね、ついに自刃する。

伊藤は、権力と力いっぱい戦って敗北した男の、悲痛な最期を描いた。この日から、丹下左膳は原作を離れて、ひとり歩きを始めた。日本中の映画館に、子供から大人まで、観客が殺到した。およそチャンバラ映画で、丹下左膳ほどヒットした主人公はいない。戦前戦後を通じて、くり返し映画化され、左膳役は大河内伝次郎だけでも七本、ほかに中村錦之助をはじめ十指にのぼる。

三つのペンネームを駆使して次から次と評判作を書きまくった破天荒な作家、長谷川海太郎の生涯は、満三十五歳にして、雪崩《なだれ》のような終焉をむかえた。一九三五（昭和十）年六月のある朝、心臓麻痺により突然死した。まさに夜空に一瞬の光芒を残して消えた流れ星の如き一生であった。

函中の二級下の後輩、久生十蘭（本名は阿部正雄）は、これまた海太郎におとらぬ破天荒な作家であった。なにしろ十蘭は、十五ものペンネームをあやつり、捕物帖からSF、純愛もの、性愛もの、ノンフィクションと、なんでもござれ、作品の幅がけたはずれに広く、まさしく妖怪なみの作家であった。直木賞もとっているが、それよりも一九五三（昭和二十八）年、米国「ニューヨーク・ヘラルド・トリビューン」紙主催の国際短篇小説コンクールに応募し、『母子像』で見事に一等をとったことが、彼の名声を不動のものとした。

第四十話　元町育ち

著名な文芸評論家の亀井勝一郎は『私の文学経歴』の中で次のような言葉を残している。

「外国の汽船が往来し、アメリカ人やフランス人やイギリス人や中国人の雑居していたこの町の気分を、よくもわるくもあらわしているのは牧逸馬と水谷準と久生十蘭である。三氏とも私の中学校の先輩である。久生十蘭家は私の家の隣にあったが、後に私が文学を好むようになったとき、私の父は『決しておとなりの正雄ちゃん（十蘭の本名）のような不良になるな』と懇々と戒めたことを記憶している。学校をサボって、ベレー帽をかぶり、マンドリンをさげてぶらつくような中学生は、当時十蘭氏ただひとりであったからだ。大正七、八年の頃の話である」

亀井は後年、田中清玄とともに東大新人会で活躍し、左翼運動にとびこんだ。それはさておき、十蘭は結局、函中を卒業できなかった。一年生の一学期末、学内で事件をおこし、中途退学させられたからだ。

事件というのは、授業中に小用をもよおした十蘭が、

「小便にいきたい」

と、申し出たところ、ムッとした先生に、

「そこでやれ」

と言われ、

「では」

悠々と教室の片隅へ行き、掃除用のバケツに派手な音を立てた。

日頃から不良学生として教師たちから目をつけられていた十蘭は、この事件が契機となり、二年生のとき退学させられた。

水谷準は不良少年の十蘭を、こう礼賛している。

「十蘭はすばらしいうそつき。うそつきといって悪ければ、一種の幻術師だった。彼が吸うゴールデン・バットは、阿片のように見えたし、彼が傘を傾けて歩いていると、暴風雨の中にいるようだった。なにをやっても様になり、モダンに見えた」（朝日新聞「北」の語りべ）

水谷準は幼年時をほとんど外人屋敷でおくった。彼の父親は、この町で外人相手のパン屋を開いていた。大火に焼け出されたため、貿易商の外人宅の住みこみ執事兼コック長になった。父が亡くなると、母が見よう見まねでパンをこね、料理をつくった。

水谷は朝日新聞北海道版の「北の語りべ」欄（昭和六十二年五月二十六日より六月十六日まで九回にわたって連載）に、母と子の生活をこう回顧している。

「（私の一家は）雇い主が函館を引き揚げると、また別の外人屋敷へと渡り歩いた。アメリカ、イギリス、ロシア人と、四・五軒のそれぞれ豪勢な邸宅で幼年期を送った。雇い主の一人、石油貿易業のイギリス人ハラルという独身じいさんの家では、私は孫みたいにかわいがられた。（略）二階建ての大きな屋敷には、ほかに庭師の一家や女中がいて、それぞれ別棟に住んでいたが、総勢二十人ぐらいもいたろうか。猟犬も二十頭ほどいて、邸内を列をなして歩く姿は異様だった。とにかく豪勢な生活ぶりは、日本人の金持ちなど足もとにも寄れないといった感じだった。船見町から谷地頭へと外人屋敷を転々としたが、どこも広い敷地で、樹木と草花がいっぱい。子供にとってはまさに天国でした」（第一回）

第四十一話　オリーブの木の下

十蘭にはじめて小説の執筆をすすめたのは、先に述べたように、この水谷準である。

彼は一九二二（大正十一）年に函中を経て早稲田大学に進学すると、雑誌「新青年」が公募した懸賞小説に応募。『好敵手』が入選し、作家としてデビューをはたした。卒業と同時に「新青年」の出版社に入り、一九二九年に編集長となり、大勢の新人作家を育てた。

田中清玄の文章にあるように、函館の元町は彼ら以外にもすぐれた作家を輩出し、あたかも函館の文学風土を集約する観を呈した。

田中の文中には出てこないが、心をひかれるもう一人の「函館同時代人」のことをつけ加えておきたい。

三木露風が滞在していた函館郊外の修道院附属孤児院に、当時、ジャック・白井が収容されていた。後年、スペインに内乱が勃発するや、反ファシズム人民戦線義勇軍に参加した日本人、ジャック・白井である。

ジャックは長谷川海太郎と同じ一九〇〇年（?）の生まれである。?というのは、生年がさだかではないからだ。生後まもなく道端に捨てられていたところを、青い眼の親切な修道僧にひろわれ、孤児院で育てられた。十二歳のとき孤児院を逃げ出し、函館で浮浪児の仲間に入った。「悲しくなると、波止場に立って出入りする船を眺め、どこか遠くの知らない国へ行きたいと思っていました」

十七歳のとき、外国航路の船員になり、一九二九年からニューヨークに住みついた。かの世界大恐慌の発端となるニューヨーク株式大暴落のほんの二、三カ月前のことだった。

亡くなった年齢も、海太郎と変わらない。

一九三六(昭和十一)年、この年は日本では、二・二六事件を契機にして軍部支配が確立した年だが、スペインで、ナチ・ドイツとイタリアが援助するフランコ将軍の強力なファシスト軍隊と、外国義勇軍の支援だけがたよりの共和派政府との間に、内戦が勃発した。ジャックはただちに志願し、第十五国際旅団アメリカ人大隊「リンカーン大隊」の一兵卒として従軍し、翌年のマドリード攻防戦で壮烈な戦死をとげた。遺体は彼を愛する仲間たちの手で、オリーブの木の下に葬られた。

ジャックは生まれたときからあらゆる辛酸をなめ、理不尽な目にあわされながらも、不思議なほど他人にやさしく、人間的なぬくもりを感じさせる人柄だった。

ジャックと同じく人民戦線義勇軍に身を投じた作家のヘミングウェイは、その体験をもとに、『誰がために鐘は鳴る』を書いた。

函館で生まれ、函館で育った異色の人物は他にもたくさんいるが、これ以上は割愛しよう。文化は常にそれぞれの時代をうつす鏡だと言われる。亀井が「私の文学経歴」の中で指摘したように、牧逸馬と水谷準と久生十蘭、それにジャック・白井、いや田中清玄や亀井勝一郎も含め、これらの「函館同時代人」たちは、当時の函館という都市の性格を如実に反映しているのではなかろうか。

終章　野球が天職の男

第四十二話　野球熱

函館山の山裾、船見町の古刹・称名寺に、なんとも風変わりなお墓がある。本堂わきの土方歳三供養碑の前を過《よぎ》り、裏山の墓地へ向かうだらだら坂を登り、高田屋一族の墓に手を合わせてから、さらに石段を登りつめると、津軽海峡の青海原を一望に見下ろす一隅に、大きな球形の墓石が目につく。よくよく見ると、墓石は野球ボール、石の線香立てはミット、花立てがバット。球聖・久慈次郎の墓である。

久慈次郎の墓

私が生前から見知っている人のなかで、この人ほど函館市民から愛され親しまれた人はいない。追い追い述べるが、彼は人生を野球にささげ、野球に殉じた。

野球は今やわれわれ日本人に最も愛されているスポーツの一つだが、そもそもアメリカの国技ベースボールが日本へ紹介されたのは、一八七三（明治六）年。「野球」と命名したのは俳人の正岡子規。よほど日本人の気性に合ったらしく、またたくまに日本中にひろまった。

社会人野球チームの函館太洋倶楽部（通称、函館オーシャン）の誕生は一九〇七（明治四十）年である。

百年を越えるオーシャン倶楽部の歴史の中で、最初の記念すべき事件が起きたのは、一九〇九年のこと。燃料補給の目的で函館港へ入港したアメリカ太平洋艦隊から、

「貴市にもし野球チームがあるなら、乗組員の慰安を兼ね、ぜひ交歓試合を」

との打診をうけた。

日米初の親善野球試合が、二日間にわたり、函館中学のグラウンドで挙行された。艦隊チーム

の中には、米国プロ野球マイナーリーグの経験者もいた。日本初のノンプロ球団の函館オーシャンは、四戦全敗。しかし、なかなかの接戦だったので、一躍全国にその名を知られた。

翌々年の一九一一年、再びオーシャンは、入港したアメリカ太平洋艦隊チームと四日間にわたる第二回目の親善試合を開催し、三日目に遂に一勝した。連日、球場を埋めつくした数千の観衆は狂喜乱舞。それでなくともハイカラ好きな函館っ子のことである。全市を挙げて野球熱に沸いた。

その頃、日本中で一番人気があったチームは早大、慶大のチームだった。早慶戦が始まったのは一九〇三（明治三十六）年である。

ついでながら現在の全国高校野球大会（甲子園）の前身の全国中等学校（旧制）野球大会の開始は一九一五（大正四）年。

早稲田、慶応、明治、法政、東京、立教の六つの大学で構成される東京六大学リーグのスタートは一九二五（大正十四）年。

全国都市対抗野球大会の開始は一九二七（昭和二）年。

また、日本初のプロ野球チーム「大日本東京野球倶楽部」（通称、東京ジャイアンツ。その後の東京巨人軍）の誕生は一九三四（昭和九）年である。

函館オーシャンにとって、一九一八（大正七）年は黄金時代の開幕であった。特筆すべき年であった。なんと、当時最強とうたわれた早大チームのエースで、鉄腕投手の異名をもつ橋本隆造投手を倶楽部のメンバーに迎えることができたからである。

橋本はさすがだった。彼はこの年、倶楽部創立以来の宿願だった札幌農学校（後の北海道帝国大学）チームを初めて破り、しかも八対〇の完封勝ちで、函館市民を再び狂喜させた。函館っ子はこの官都札幌の強豪を打ち破ったことが、まるで親の仇討ちでも果たしたように、嬉しくてたまらなかった。

ちなみに、札幌農学校の前身は、一八七三年四月に開校した東京・御成門の開拓使仮学校である。アメリカで生まれた野球は、米人教師により、開校と同時に、ここの生徒に伝わった。日本の野球はここから始まった。

第四十三話　変わり者

さて、その橋本のことであるが、彼は長岡の出である。長岡藩は戊辰戦争でかの有名な執政の河井継之助にひきいられ、奥羽越列藩同盟に加わり、最も激烈な北越戦に突入し、よく戦ったが、衆寡敵せず、敗れた。長岡の町は三度兵火にかかり、焼け野が原になった。爾来、今次大戦の連合艦隊司令長官・山本五十六が世に出るまで、朝敵となった長岡からは陸海軍の将軍が出ることは稀であった。

長岡人には反骨の人が多い。五十六の祖父は七十七歳の高齢で、官軍に斬り込んで討ち死にしている。義父にあたる家老職の山本帯刀は、長岡城落城後も、河井とともに指揮をとり、最後まで新政府軍と死闘をつづけ、遂には官軍に捕えられたが、降伏を拒絶し、処刑された。二十二歳であった。長岡の兵の多くは、敗れたのち、会津へ走り、会津で戦いをつづけた。

先述したように、早大野球部の花形だった橋本は、函館オーシャンにさそわれるや、大学を中退して函館へ来た。彼は胸中を誰にも明かさなかったが、何かしらわけがあったに違いない。函館は長岡と同じく、賊軍の末裔《まつえい》が多いが、そういうことが影響したのかもしれない。オーシャンのメンバーの中にも、のちに喜劇人として成功する益田喜頓がいるが、祖父は会津の武士である。祖母は会津城落城後、幼い娘を背負い、やっとのこと、新潟から船で函館へ落ちのびてきた。その幼女が喜頓の母である。

橋本は名投手として、函館で二十五年余の華々しい野球人生を送ったのち、一九四三（昭和十八）年に故郷の長岡市へ帰った。その後、この世を去るまで、本人の意志により、「音信不通、連絡不能という二十世紀の現代にそぐわぬ奇蹟みたいな」（伏見敏郎著『北海の三球人』函館春秋社・一九五六年刊）後半生を送った。

彼の長男の雅一は、一九二四（大正十三）年に函館で生まれた。神童といわれ、旧制函館中学から抜群の成績で海軍兵学校へすすんだが、ある日、何を思ったのか、とつぜん、

「オレは軍人になるのはやめる！」

と言い出し、兵学校を中退して、旧制弘前高校へ入学し直し、東京帝国大学医学部へすすんだ。彼は人のいのちを救う医学の道で一生を終えた。

前章で述べたが、田中清玄が「函館中学の卒業生の中から、天皇の官吏、陸海軍軍人になったものがごく少ない」と指摘したのは、決してこじつけでないことがお判りいただけるだろう。

雅一の末弟の邦夫は、弘前高校で私のクラスメートだった。私と彼とは三年間、学生寮で生活を共にしたが、これまた変わり者として評判だった。

話を野球にもどそう。

函館オーシャンは橋本投手の活躍により、北海道では無敵を誇った。「オーシャン強し」の声が全国にひろがるにつれ、対戦チームが続々と函館を訪れた。大正期の野球界の中心は大学野球

だったが、社会人野球の世界でも、実業団チームが次々と産声《うぶごえ》をあげた。

オーシャンには新しい悩みが生まれた。主将でキャッチャーの伏見勇蔵が、年齢によるおとろえで、橋本の剛球に手を焼くようになってきたからだ。オーシャンはなんとしても大型捕手をスカウトする必要に迫られた。目をつけたのが、早大野球部で橋本の後輩の久慈次郎捕手であった。久慈は盛岡中学時代から身長一八〇センチの長身で、球場では誰より目立った。名キャッチャーだった。橋本も久慈獲得に汗をかいたが、なんといっても函館市民あげての熱意が、久慈に伝わったとおもう。

一九二二（大正十一）年から橋本・久慈の早大バッテリーが、函館オーシャン黄金時代をきずくのである。

第四十四話　ヒゲの御大《おんたい》

人にはそれぞれ生まれながらの資質とか運があるらしい。

久慈次郎はオーシャン入りしてからまもなく、メンバーのみんなに推され、主将になった。

オーシャンに入るまでの経歴をざっと述べよう。

久慈は一八九八（明治三十一）年、四人兄妹の次男として、盛岡市郊外で生まれた。中学は旧制盛岡中学。すぐ野球部に入った。

蛇足ながら、私の先祖も盛岡の出である。

今の甲子園大会、第一回全国中等学校野球大会が開始されたのは、先に述べたように一九一五（大正四）年である。久慈は五年生のとき、第二回大会の東北地区予選に捕手兼主将として出場したが、惜しくも決勝で敗れ、全国大会へ駒をすすめられなかった。翌一七（大正六）年、早稲田大学に進学し、野球部に入部した。

野球の名門、早大野球部が初めて函館へ遠征し、札幌農学校、札幌鉄道団、函館オーシャンと四チーム卍巴の対抗試合を開催したのは、一九一八（大正七）年七月のこと。久慈も野球部の一員として初めて函館の土を踏んだが、なにしろこのときは、捕手の座には名手とうたわれた市岡忠男がどっかと腰をすえていたので、出る幕がなかった。

この年の十月、鉄腕エースの橋本投手が早大を中退してオーシャンに入った。

同じく十月、久慈にまたとないチャンスがめぐってくる。市岡が法政戦で負傷し、退場。試合途中から久慈がマスクをかぶることになったのである。これが久慈の公式戦初出場だった。早くから大器の片鱗をうかがわせてはいたが、力量を発揮するのはこのときからである。

一九二一（大正十）年、またとないチャンスがもう一度おとずれる。この年、早大野球部は約四カ月にわたってアメリカ遠征旅行を敢行。久慈は野球の本場米国の最新技術を身につける絶好のチャンスに恵まれた。彼はこの遠征で、才能を大きく開花させた。

とてつもない豪速球を駆使する谷口五郎投手と久慈の名バッテリーは、早大黄金時代をきずいた。

一九二二（大正十一）年の春、久慈は大学を卒業。オーシャンは久慈にたいして函館の市民あげての熱意と、函館水電（今の北海道電力）に就職させる条件を伝え、遂に橋本・久慈の早大コンビによる黄金バッテリーの夢を実現させた。この年七月、早くも実力日本一を誇る大毎チーム（大阪毎日新聞）を二勝一敗で破り、名声を決定的にした。以後、昭和に至るまで、オーシャンは破竹の進軍をつづけた。

久慈は私生活でもめぐまれた。水電の営業マン時代は、真面目で人柄が良く、上司に可愛がられ、友だちもたくさんできた。その温厚篤実な人柄は、終生、誰からも愛された。結婚したのは一九二四（大正十三）年。数えで二十七歳。花嫁は土地の海産物商の娘で、美人でしっかり者の渡部嘉代、二十三歳。一九二七（昭和二）年に水電を円満退社し、十字街に「クジ運動具店」を開店する。本当の意味で一市民となったのである。

ちなみに、クジ運動具店は、私の家から歩いて僅か十分かそこらの近所だった。

久慈にはエピソードが数多い。無類の酒豪ぶりと大食漢は有名だ。

早大時代のアメリカ遠征の途上、船が嵐に遭遇。乗客のほとんどは船酔いでキャビンに引きこもったきり出てこない。たった一人、久慈のみは平気で食堂へ行き、「洋食ってのは、いくら食べても腹がへる」と、おかわりを次々と注文。ペロリとたいらげ、大食漢の名をほしいままにした。

酒においても同様で、オーシャンに入ってからも、試合前はもちろん試合中でも、「お神酒《みき》」と称して一杯あおるのが常であった。久慈のマスクごしに打者にまで酒の香が漂ってきたという。

函館市民はノッポで八の字ヒゲ、おまけに気さくで子供好きな久慈を愛した。

「次郎さん」

「御大《おんたい》」

「大将」

「大統領」

誰もが親しみをこめて、久慈のことをそう呼んだ。

私たち当時の小学生にとっては、久慈は眩しいほどのヒーローだった。どんな腕白坊主も、彼

の前では直立不動の姿勢をとり、尊敬をこめて、うやうやしく、

「クジさん」

と、呼んだ。

「オー、なんだ?」

久慈はいつも、ニコニコと笑顔で応じてくれた。

第四十五話　全日本チーム主将

都市対抗野球大会が始まったのは、久慈が函館水電を退社した一九二七(昭和二)年からである。函館オーシャンは北海道地区を代表して神宮球場に毎年のように出場し、名物チームとなったが、実は昭和に入ったこの時期、戦力はかつてにくらべると、すっかり低下していた。橋本の右腕の衰えはいちじるしく、第三回をもって引退。橋本にかわるエースは不在で、北海道では無敵のオーシャンでも、神宮球場では来る年も来る年も初戦で敗退。「イチコロ・チーム」という悔しいあだ名をたてまつられた。

昭和に入ってから、東京や大阪の企業や大学が野球部強化に力を入れ始めたため、函館のよう

な地方都市には名のある選手が集まらなくなっていたのである。それだけではなく、函館そのものが、すでに昔日のような、ず抜けた経済力を失っていた。

函館に火事が多かったことは第三十三話の「火事と写真」のところで述べたが、わけても一九三四（昭和九）年三月の火事は未曾有の大火で、市街地の半分を焼きつくし、死者二千百六十六人、行方不明六百六十二人、焼失家屋二万四千百六十六戸、罹災者十二万四千五百五十八人。第二次大戦の戦禍を別にすれば、過去に例を見ない大火災であった。復旧のメドはおいそれとはたたなかった。私はこのとき数え年六歳だったが、狂気のような紅蓮《ぐれん》の炎に追われ、若いお手伝いさんに手を引かれて必死の思いで逃げた。あれから八十年近い歳月が過ぎ去ったのに、あの夜、メラメラと天を焦がした劫火《ごうか》のおそろしさは、いまだに忘れられない。一面の焼け野が原に黒焦げの焼死体がゴロゴロころがった函館の街は、あの日から、盛りを過ぎた都市になった。

函館オーシャンは都市対抗に出るたびに敗けた。しかし久慈の人気だけは別格だった。矢のような送球で二塁走者を刺す名捕手としての実力と、弱いメンバーをひきいて一心不乱に奮闘する監督としての真摯な姿に、観客は拍手を惜しまなかった。久慈は敗けても敗けてもゲームを捨てなかった。観客はそういう久慈を愛した。

さて都市対抗のことはこれくらいにして、一九三一（昭和六）年の最大のニュースは、十一月のルー・ゲーリックを中心とするアメリカ大リーグ選抜チームの来日であった。正力松太郎社長の尽力による読売新聞社の招待で実現した。

これを迎え撃つ日本側は、ただちに全日本チームを編成するため、ファン投票によってメンバーを選抜した。

投票結果は、久慈がダントツの一位であった。

久慈は捕手兼主将に選ばれた。

試合は結局、日本側の全敗に終わったが、久慈の名は全国に知れ渡った。

それから三年後の十一月、再び米大リーグ選抜チームが来日した。前回にまさる空前の豪華メンバーであった。ベーブ・ルース、ルー・ゲーリック、ジミー・フォックスの「ビックスリー」をはじめ、今にいたるまでアメリカ野球史上に燦然と輝くスーパースターたちがずらりと顔をそろえたのである。主将はベーブ・ルース。

函館が未曾有の大火災に見舞われてから僅か半年ばかり後のことであった。

全日本チームには若き沢村栄治やスタルヒンなど、後に日本球界の伝説となる選手たちが選ばれた。そして主将には、再度、久慈が選ばれた。

「イチコロ・チーム」の久慈次郎は、このとき、すでに三十六歳。
しかし人気、実力ともに日本球界の頂点にあったのである。

第四十六話　世界最強チームが函館へやって来た！

大火災から七カ月たった十一月八日、アメリカ大リーグ選抜チームと全日本チームとの第三戦が、焼け残った函館の湯の川球場でおこなわれた。

函館での開催に奔走したのは久慈であった。久慈は火災に打ちひしがれた函館市民を元気づけるため、大会主催者を必死にくどき落としたのである。

久慈自身が被災者の一人であった。十字街のクジ運動具店は全焼。彼は丸裸にされた。十人近い従業員も、ほとんど全員が焼け出された。久慈は一日も早く家業を再建して親子三人の生活を支えるとともに、従業員を助けてやらねばならない立場だった。

オーシャンの選手たちも、家を失った者がほとんどだった。ユニフォームはもとより、グローブもバットも、すべてが灰になった。

オーシャンのファンも、有力後援者も、丸焼けになったり、職場を失ったり、どん底に突き落

日米親善野球(市立函館博物館蔵)

とされた。

もう野球どころではなかった。

函館オーシャンはこの年の都市対抗への出場を辞退した。

アメリカ大リーグ選抜チームが来日したとき、函館はまさにそういう渦中にあった。

久慈以外の誰もが、世紀の一戦を焦土の函館でおこなうなどとは、とても考えつかなかった。

久慈だけは違った。

「廃墟と化した函館でやることにこそ、意義がある。野球が意気消沈した函館市民を救ってくれる」

彼はそう信じた。

日米決戦が函館でもおこなわれることが決定すると、函館っ子は熱狂した。

当日、湯の川球場はファンで埋まった。試合は五対二で大リーグの勝利だったが、市民はルースをはじめとする大リーガーのプレーに歓喜した。

この日は全日本軍主将、久慈の栄光の日でもあった。

ベーブ・ルース一行が帰国した後の十二月、全日本チームを母体にして、日本の本格的なプロ野球チームが結成された。東京巨人軍の前身、大日本野球倶楽部の誕生である。

もちろん久慈も、このチームの主将として参加することを要請された。それも破格の待遇でくどかれた。

参加する選手たちの給料は、中学卒業前の沢村（京都商業）、スタルヒン（旭川中）が一三〇円。東京六大学で活躍していた三原脩（早大）や水原茂（慶大）、苅田久徳（法大）が一五〇円から一八〇円。それに対して、久慈は破格の五〇〇円。

年齢からいえば、久慈はこれが全国の檜舞台で活躍できる最後のチャンスだった。家業を失った経済的悩みも、これで一挙に解決できる。

けれども、久慈はこの申し出をことわった。彼の気性では、困窮しているオーシャンの仲間や、ファンや、運動具店の従業員を置き去りにして、自分たち一家だけで上京することなど、できなかったのである。彼はあえてイバラの道を選んだ。

――御大はオレたちを見捨てなかった。

――次郎さんは函館を見捨てなかった。

今日、久慈次郎の名は東京巨人軍の「初代主将」として、記録にのみ残されている。函館市民はついに一アマチュア野球人として函館で一生を終えたこの人に、敬慕の念がこみ上げるのを禁じ得ないのである。

運命の日がやって来たのは、それから五年後、都市対抗第十三回大会の直後であった。第十三回大会は、イチコロ・チームのオーシャンが、初の一勝をあげた記念すべき大会であった。マスコミは、

――大会の至宝　久慈老将。

昭和11年、正装した函館市議当時の久慈次郎。

――悲願の初勝利。

と、大々的に報じた。

さて、運命のその日は、一九三九（昭和十四）年八月十九日。監督兼捕手の久慈がひきいるオーシャンは、札幌円山球場で開催された第十八回全北海道・樺太実業団野球大会に出場した。対戦相手は札幌倶楽部。オーシャンはラッキー・セブンの七回、

“球聖”久慈次郎、ふたたび帰らず

無死二塁のチャンスをつかむ。バッターは久慈。敬遠され、やむなく一塁へ歩きかけ、ふと足を止めて次打者に指示を与えようとふり向いた瞬間、札幌倶楽部の捕手が投げたけん制球が、久慈の右こめかみを直撃。久慈はホームベースに崩れ落ち、意識を失ったまま、二十一日、不帰の人となった。享年四十一。

遺体は特別列車で、彼が愛した函館へ帰った。その日は街全体が悲嘆にくれた。

二十三日、小学四年生だった私は、ブラスバンドを先頭に電車通りを行く一千人をこえる盛大な葬列を、沿道を埋めつくした人波の中で、泣きながら見送った。

私のまぶたに、八の字ヒゲの久慈のやさしい眼がよみがえり、焼きついたまま、消えなかった。

#「あとがき」にかえて

一、赤と黒

あの日から、指折り数えれば、もうすぐ七十四回目の夏がくる。眼をつぶると、今もなお、弔旗を先頭に、黙々と寺へ向かう黒い葬列がまぶたに浮かぶ。

幼年時代の思い出は、どれも鮮烈で、忘れるときがない。最初の思い出は、数え年六つのときの大火である。

大火の夜、父は市立函館病院に入院中の母につきそい、家にはいなかった。私はお手伝いさんに手を引かれ、郊外へ逃げた。メラメラと天を焦がして追いかけてくる赤い炎が、身が縮むほど怖かった。

大火の翌くる年、母は死んだ。

最後に母と会ったのは、亡くなる少し前だった。その日も、私はお手伝いさんに手を引かれ、母に会うため、病院へ向かう石畳の坂を登っていった。港が見える山麓の富岡町一帯は焼けなかったので、大火があったのがまるでウソのようだった。三日後、母のなきがらが新しいわが家に戻ってきた。祖母が念仏を唱えながら、アルコールをひたしたガーゼで、血の気の失せた母の唇を拭いた。私も祖母のしぐさを真似て、母の唇を拭いた。母は享年二十七。

もう遠い昔のことだが、私には昨日のことのようにしか思えない。

それから半年後、今度は大黒柱の祖父が亡くなった。

私の先祖がいつ函館へ渡ってきたのかはさだかでないが、箱館戦争の前後、あるいはもう少し前のことだろうか、この地に住みついた南部侍が、私の曽祖父である。

南部（盛岡藩）は函館と縁が深い。

幕府が初めて東エゾ地を直轄領とし、南部・津軽の両藩に北方警備の出兵を命じたのは、一七九七（寛政九）年のことだ。出兵数は南部藩六百五十名、津軽藩四百五十名。それぞれ箱館に陣屋をかまえた。

現在、十字街そばの旧市役所分庁舎（昔の丸井百貨店）の坂を「南部坂」というのは、昔、坂の上に南部藩の陣屋があったからだ。

私が子供の頃は、南部坂は冬になると、橇《そり》と竹すべりの格好な遊び場になった。今でも耳に残っているのは、坂の上から橇で滑ってくる子供たちの、

「去れよ！　去れよ！」

という叫び声だ。

南部藩は日高海岸以東の守備を命ぜられ、根室・クナシリ・エトロフなどに勤番所を置いた。大へんな苦労だった。その元締めの本営が、箱館の南部陣屋で、常時三百五十人くらいの兵がたむろしていた。一八二一（文政四）年にエゾ地直轄は一度とけたが、一八五四（安政元）年、再び直轄となり、南部藩は箱館に再度出兵し、元陣屋を復活。さらに室蘭に出張陣屋、砂原と長万部に屯所をかまえた。戊辰戦争では列藩同盟に加わり、敗れて、賊軍となった。

さて、私の曽祖父《ひいじじ》のことに話をもどすが、函館の巷には、維新で禄を失った南部侍が珍しくなかった。

曽祖父夫妻には子供がなかった。ひいばばは気の強い女だった。夫に先立たれるや、故郷の盛岡の縁者に相談し、養子を迎えて家名を継がせることにした。その養子というのが、盛岡の医師の末っ子の嘉吉、すなわち私の祖父である。

第十四話でちょっとふれたように、医師の小伜でガキ大将の嘉吉は「火事と喧嘩は江戸の華」とうたわれた町火消にあこがれ、十代の初めに江戸へ出奔し、鳶の者になった。鳶の者というのは、鳶口（消防具）を携えた町火消の下っ端のことだ。

私のひいばばから相談をうけた医師の一家は、これ幸いとばかり、嘉吉を江戸から連れもどし、中村家へ養子に出した。

二、先祖たち

こうしてひいばばと嘉吉は親子になった。どちらも利かん気だが、ひいばばの方が年を喰っているだけに、役者が一枚も二枚も上手《うわて》であった。固苦しい武家の家風になじめない嘉吉が、ある日、

「侍なんてつまらねえ」

と拗《す》ねると、

「いいよ、おまえの好きなようにおし。そのかわりといっては、なんだが……」

さっさと、自分のめがねにかなった嘉吉の嫁を見つけてきた。それが美人で、しっかり者と評判の娘だったので、もとより嘉吉にいなやがあるわけがなかった。

この花嫁が私の祖母である。

度胸がよくて目端もきく嘉吉は、士分を捨て、おのれの好きな職をえらび、土木建築業で成功するが、ひいばばと女房にだけは、終生、頭が上がらなかった。

嘉吉夫婦には子供が四人生まれた。上二人が続けざまに男の子。三番目が女児。これが私の母の貞《さだ》である。

その下がまた男の子で、これが第三十一話にちょいと登場した正吉叔父だ。叔父は地元の工業学校の学生時代、ラグビー部の猛者《もさ》だった。四人兄姉の中で、母とこの叔父が一番仲が良かった。母が亡くなったとき、取る物も取りあえず、勤務先の東京から駆けつけた叔父は、あたりかまわず号泣した。

しかしもっと気の毒なのは、祖母の方だ。彼女は、老後は娘の家で暮らす心づもりで、母を他家へ婚がせず、自分が前途有望な若者と見込んだ私の父を婿養子に迎え、分家させた。父は同郷の南部衆の子で、五人兄姉の末っ子だった。

仕事以外はまことに無趣味な父と、ラグビー漬けの正吉叔父とは、これがまた不思議なことに、実の兄弟以上に気が合った。末っ子同士だったからだろうか？　叔父は学生時代から姉夫婦の家に入りびたっていた。卒業後、このラグビー狂の身元保証人になり、就職口まで世話したのは、父である。叔父は母が亡くなった後も、

「兄貴、兄貴」

と、生涯、父を慕った。

私にとっては、かけがえのない、いい叔父さんだった。

さて、かけ足で、祖父の最期について述べたい。

祖父は土建屋という商売柄、大火のあとは目が廻るほど多忙だった。所の消防団の役員も引受けていたので、そちらの方も忙しかった。なにしろ、焼失家屋が二万四一六六戸。何日たっても見つからない身内の死体を探し求めて、何度も焼け跡を掘り返す人の群……。そういう悲惨な喧噪がいくらかおさまった頃、団員といっしょに市中を見廻っていた祖父は、運悪く焼けぼっくいの古釘を踏み抜き、その傷がもとで、私が小学校へ入学した春、六十二歳で世を去った。いかなる星の巡り合わせか、私の満七歳の誕生日、四月十八日のことだった。死因は破傷風であった。

三、地蔵町の住人

父は大火のあと、延焼をまぬがれた郊外の亀田に家を建て、そこから再建したばかりの鶴岡町の店へ通った。病状が一時回復した母が退院し、ほんの一年ばかりにすぎないが、親子三人水いらずで、この家で暮らした。私の生涯で一番幸せな一年であった。

母が亡くなると、あとで述べるような事情で、父は私を連れて、住まいを地蔵町へ移した。鶴岡町の隣りの地蔵町は、古くからの商家の町、問屋街であった。父はここで商売を続け、一生を終えた。私はここから電車で小学校へ通学し、ここで育った。

地蔵町には進取の気風に富んだスケールのでかい人から、ただのケチな始末屋まで、色々なタイプの商人が軒を連ねていたが、祖母の話によれば、前にも後にも、昔のサムライ呉服店の若主人ほど変わった人は、例がないそうだ。名を加藤兵次郎《ひょうじろう》という。

この人のことを少し書きたい。

そうそう、その前に、祖母と私の仲について、ひと言。私が早くに母を失ったせいで、祖母は私に特別に目をかけてくれた。祖母は話好きだった。私もまた、小さい時から、祖母の話を聞くのが大好きだった。彼女に言わせると、私は大勢の孫のなかで、気性が祖父の嘉吉に一番似ているという。贔屓目《ひいきめ》だろう。私の家系は下戸《げこ》と飲んだくれが半々。祖父は生涯、酒を一滴も口にしなかった。ところが私ときては、十七歳のとき初めて飲んだ酒が、すきっ腹にキューッとしみとおり、たまらなくうまい。祖父に似ぬ飲ん兵衛の体質《たち》だった。

加藤兵次郎

さて、加藤兵次郎のことだが、この人は日本の社交ダンス界の草わけである。彼が社交ダンスを普及させたと言っても、過言ではなかろう。一九二〇年代、つまり大正時代の末から昭和の初めにかけて、大阪や東京を中心に爆発的に流行しだした「ダンスホールで踊るという娯楽」を開拓したのは、実にこの兵次郎である。

当時、こんな歌がヒットした。

昔恋しい　銀座の柳
仇な年増を　誰が知ろ
ジャズで踊って　リキュールで更けて
明けりゃ　ダンサーの涙雨

読者の中にはご存知の方もおられるだろう。西条八十作詩、中山晋平作曲の「東京行進曲」である。この歌が発表されたのは一九二九（昭和四）年。私はこの年に生まれた。レコードは羽がはえたように売れた。

加藤兵次郎がその五年前、一九二四年に大阪でダンスホールの経営ノウハウを発明するまで、歌詞の中の「ダンサー」という職業は存在しなかった。ダンスホールにダンサーをおいて、チケットを発行し、客が一曲踊るごとにチケットをダンサーに渡すシステムを発明したのが、加藤兵次郎である。

私がこの人のことを祖母の話以上に正確に知ることができたのは、『地域史研究　はこだて（第十九号）』（函館市史編さん室、一九九四）掲載の永井良和氏の「加藤兵次郎の時代――生活改善と国際親善」のおかげである。又、同氏の『にっぽんダンス物語――「交際術」の輸入者たち』（リブロポート、一九九四刊）のおかげである。

同氏の前著から兵次郎の素性を抜粋させていただく。

「兵次郎は一八九〇（明治二十三）年の二月十四日、函館の呉服商の家に生まれた。父は慶次郎、母はタケで、両親は十字街にほど近い地蔵町六十三番地で加藤呉服店（略）を営んでいた。当時の加藤呉服店は、今井呉服店、荻野呉服店などと並び函館を代表する規模を誇っていたらしい。長男の兵次郎に期待されたのは、この店を継ぐこと、そしてさらに発展させていくことであった」

後著では次のように紹介している。

「加藤兵次郎は一八九〇（明治二十三）年の二月十四日、函館に生まれた。市の中心、十字街に近い地蔵町の呉服商が彼の生家である（中略）当時の函館では今井呉服店（現・丸井今井）や荻野呉服店（現・棒二森屋）などの老舗と並ぶ規模の呉服店だった（中略）父・二代目慶次郎は養子として加藤家に入って家業を拡大し、函館区会議員をもつとめる地元名士となった（中略）店は間口が六間で『裏通りに通ずる細長い屋敷』に土蔵が三つ並んでいた（中略）兵次郎は、その二代目当主の長男であったから、いずれはこの店を継ぐものとして期待され、そのように育てられる」

四、異色の函館人

私は永井さんのおかげで、祖母から聞いた話だけでは漠としていた加藤兵次郎の身元がつかめた。

ところで、永井さんの文中には、当時、加藤呉服店と同じく地蔵町にあった荻野呉服店という著名な老舗が登場する。函館っ子ならどなたもご存知だが、荻野呉服店は大火後、函館駅前に華々しくオープンした棒二森屋百貨店の前身である。荻野呉服店が駅前へ引越すと、縁起をかついだ私の父は、早速、その跡地を建物ぐるみ買い求めた。私はここで育った。

しかしこれは後の話だ。今は加藤兵次郎の話にもどる。

函館の子どもたちの楽しみは、昔から、港にやってくる外国船の見物だった。浮浪児のジャック・白井の場合は、ただ波止場に立って外国船を眺め、いつかは遠い国へ行きたいと夢見るだけだったが、裕福な家庭に生まれた兵次郎は、眺めているだけでなく、十七、八の頃からアメリカ領事館に出入りするようになる。そこで美貌の白人少女と恋をし、ダンスを習い、夢中になった。

やがて兵役年齢の二十歳に達し、徴兵検査をうけ、甲種合格。二年間、旭川連隊に入営した。

除隊後、見合い結婚し、いよいよ加藤呉服店の後継者として商売に専念することになる。彼はこのとき、店名を世界に通用するようにとの思いをこめて、「サムライ呉服店」に改名した。

一九一九（大正八）年、二十九歳のとき、デパート経営の研究と視察のため、念願の海外旅行に出発した。アメリカを経てイギリス、フランス、オランダ、スイス、ドイツを歴訪したが、彼にとって最大の収穫は、ニューヨークでダンス教室に通い、フォックス・トロットをはじめ最新流行のダンスを身につけたことである。

いや、それだけではない。

長い船旅や、欧州一巡の旅で、人種や言葉がちがっても、ダンスができれば親しくなれるのを目《ま》の当たりにし、「ダンスこそ国際親善の近道」という信念を得た。

翌年三月に帰国した兵次郎は、デパート方式の経営を手がける一方、仲間を募って道路改善運動を起こしたり、慈善音楽会を催したり、「函館社交舞踏会」を組織し、ダンス普及につとめたりして有名になるが、それにあきたらず、一九二三（大正十二）年、思いきって函館を去り、大阪へ転居した。

彼がアメリカ流ダンスホール営業のノウハウを披露するのは、その翌年のこと。

一九三〇（昭和五）年、兵次郎は東洋一のダンスホール「宝塚会館」の設立に招かれ、以後、ここでマネジャー兼教師として活躍し、名声を馳せた。

彼の話はこれで終わろう。

余談になるが、ついでに、その後、日本中のダンスホールが辿った命運についてふれておこう。

この頃になると、日清、日露の戦さに勝ちぬいた軍部すなわち職業軍人を中心にした勢力が、日本の行方を左右するようになった。一九三一（昭和六）年九月、関東軍はみずからの手で中国の奉天近郊の柳条湖の満鉄の線路を爆破し、これを口実にして奉天を占領し、満州事変をおこした。

このときはまだダンスもジャズも自由だった。しかし、かつては憧れの目で「ハイカラ人種」

と呼ばれた人々が、「欧米カブレ」と軽蔑の目で見られる風潮は、次第に高まった。特にダンスは目の敵《かたき》にされ、先ず一九三三（昭和八）年、ダンスホールへの学生の入場が禁止になった。日中全面戦争の火ぶたが切られたのは一九三七（昭和十二）年。女性客の入場が禁止されたのは、その翌年。

そしてついに、一九四〇（昭和十五）年十月三十一日の夜を最後に、日本中のダンスホールはすべて閉鎖された。

翌年十二月八日、日本は太平洋戦争に突入した。

五、名物男

さて、最後にもう一人だけ、私が妙に忘れられない函館人のことを付け加えて、おしまいにしたい。

わが家の菩提寺の称名寺のすぐ近くに、外人墓地がある。外人墓地の向かいの地蔵寺の境内

万平塚

に、赤御影石の、まことに立派な五輪塔がある。中央に「故万平之塚」と彫ってある。由来は追い追い述べるが、一九一五（大正四）年に建てられた、名物男の万平の供養塔だ。

万平は、実は乞食である。

乞食といっても、門口に立ってしつこく物乞いするわけではなく、何やらムニャムニャと念仏をとなえ、ゴミ箱の中から食べられる物を拾って歩くだけだった。旧家が多い船見町、元町、青柳町を縄張りにしていた。体が大きく、いつも笑顔で、子供たちに親しまれた。

彼は毎日、日記をつけていた。ユーモアがあり、学があった。

石川啄木とも親交があった。

死後に発見された日記の一節に、

「今朝、好天気なれば、先ずもって山田邦彦君（函館区長、現在の市長）のゴミ箱を探しに行く。流石《さすが》に山田君の夫人は文明の空気を吸われつつあり。豚の脂身一塊、大根の皮と共に捨てられたるは、西洋料理の稽古最中と覚ゆ」（明治三十九年一月）

と、ある。

彼の寝ぐらは、函館造船所（通称、函館ドック）前の汽船の古ボイラーの中であったが、玄関もあり、寝室には神棚を祭っていた。

あるとき、大阪の藤岡鉄工場主が所用で函館へ来た。たまたま寝ぐらの前で一服していた万平に、タバコの火を貸してくれと近寄ったところ、

「君々、帽子も取らずに、人にものをたのむとは、失敬じゃないか」

と注意をうけ、恥じいった。乞食ながら気位《きぐらい》が高い万平に感服した。

万平は晩年、ドック横の浜辺の小屋に居を移した。大正四年一月二日、小屋から出火。万平は正月の祝い酒で上機嫌になり、ホロ酔いのまま、焼死した。

この報を函館の知人から聞いた大阪の藤岡氏は、当時の金で三百円という大金を投じ、わざわざ御影石で供養塔を作り、函館へ運ばせた。

これが地蔵寺境内の万平塚の由来である。

称名寺の方丈、須藤隆仙師は、

「万平は稀代の変わり者だが、大阪の藤岡氏も、それにおとらぬ変わり者」

と嘆じた。

万平の本当の年齢はわからないが、一説によれば、享年四十一の由だ。前身は全く不明。誰に

も明かさなかった。
石川啄木は歌集『一握の砂』中の一篇『忘れがたき人々』の中に、函館で過ごした日々を詠《よ》んだ歌を幾つもおさめているが、冒頭の一首は、第一話「宇賀の浦波音高く」に登場した砂丘の思い出である。

潮《しお》かおる北の浜辺の
砂山のかの浜薔薇《はまなす》よ
今年も咲けるや

この地で得たなつかしい親友を偲んだ次の歌も有名だ（歴史的カナづかいは現代の表記に変更した）。

函館の青柳町こそかなしけれ
友の恋歌
やぐるまの花

名物男の万平を偲んだ次の一首もここにおさめられている。

むやむやと
口の中にて尊《とうと》げの事を呟く
乞食もありき

六、結び

小著を執筆するにあたり、たくさんの方から御教示をうけた。その方々に心からお礼を申し上げたい。とりわけ巻末にあげた「参考文献」の著者の先生方からは、実に多くのことを教えていただき、かつ参考にさせていただいた。謹しんで深甚なる感謝をささげます。読物としての性質上、文中で引用させていただいた場合は、できる限りその都度、文中に書名と尊名を挙げるよう心がけたが、私の不注意からうっかり洩らしたり、あるいは参考文献にあげるのを忘れたり、なきにしもあらず、だと思う。どうぞご寛容くださるようにお願い申し上げます。

次に、やはり読物としての性質上、文中に挙げた方々の敬称をしばしば省略させていただいた。

心からその無礼をおわび致します。

なお本書には、ご覧のとおり、貴重な珍しい写真が挿入されているが、これらの写真の転載をこころよくお許しくださった方々に厚く感謝申し上げます。

末尾になるが、本書を世に出してくださった言視舎の杉山尚次社長に衷心よりお礼申し上げます。

かねてから、私は自分の身近の函館人たちが維新政府をつくり上げた志士をはじめ時流に乗った顕官や軍人に平身低頭するどころか、むしろ白眼視するのはナゼかと、いぶかしく思ってきた。本書は、そういう函館人の精神的傾向の発生源をつきとめたいという念願から生まれた。そもそも、「函館人」というタイトルそのものが杉山社長の発案である。

杉山社長にめぐり会わなかったら、本書は生まれなかった。

最後にもう一人、原稿の浄書に親身もおよばぬお世話をたまわった友人若山智さんに深く感謝いたします。本当にありがとうございました。

二〇一三年四月吉日　　中村嘉人

参考文献

『一握の砂』石川啄木著　棒二森屋　一九六〇
『見る・読む・調べる――江戸時代年表』山本博文編集　小学館　二〇〇七
『ウイル船長回想録』ジョン・バクスター・ウイル著　杉野目康子訳　北海道新聞社　一九八九
『岡田健造伝』坂本龍三著　講談社出版サービスセンター　一九九八
『花神』司馬遼太郎著　文藝春秋社版全集三〇、三一　一九七四
『キートンの人生楽屋ばなし』益田喜頓著　北海道新聞社　一九九〇
『北の球聖久慈次郎』中里憲保著　草思社　二〇〇六
『北の文明開化――函館事始め百話』早坂秀男・井上能孝著　北海道新聞社　一九九一
『最後の箱館奉行の日記』田口英爾著　新潮選書　一九九五
『写真集（明治・大正・昭和）函館』須藤隆仙編著　国書刊行会　一九七八
『スコアボードが見ていた・函館太洋倶楽部八〇年の歩み』幻洋社　一九八六
『高田屋嘉兵衛と近代経営――合同公開講座・函館学二〇〇九』高田嘉七・キャンパス・コンソーシアム函館　二〇一〇
『高田屋嘉兵衛のすべて』須藤隆仙・好川之範編　新人物往来社　二〇〇八
『啄木と函館』阿部たつを著　桜井健治編　幻洋社　一九八八
『田中清玄自伝』文藝春秋　一九九三

『地域史研究　はこだて　第十九号』函館市史編さん室　一九九四
『適塾の研究――なぜ逸材が輩出したのか』百瀬明治著　PHP研究所　一九八九
『にっぽんダンス物語』永井良和著　リブロポート一九九四
『日本史年表　増補版』歴史学研究会編　岩波書店　一九九五
『箱館英学事始め』井上能孝著　北海道新聞社　一九八七
『箱館開化と米国領事』函館日米協会編　北海道新聞社　一九九四
『箱館開港史話』岡田健蔵著　是空会　一九四六
『函館外人墓地』馬場脩著　図書裡会　一九七五
『函館人物誌』近江幸雄著　高杉印刷　一九九二
『箱館戦争のすべて』須藤隆仙編著　新人物往来社　一九八四
『函館――その歴史・史跡・風土』須藤隆仙著　南北海道史研究会　一九七五
『箱館　高田屋嘉兵衛』須藤隆仙編・高田屋嘉兵衛顕彰会出版委員会　一九七九
『箱館戦争写真集』菊地明・横田純　新人物往来社　一九九五
『函館都市の記憶』函館市史編さん室編集　函館文化・スポーツ振興財団　一九九二
『函館の歴史』須藤隆仙著　東洋書院　一九八〇
『函館のまちなみ』函館の歴史的風土を守る会編集　五稜出版社　一九八九
『函館　街並み今・昔』木下順一著　北海道新聞社　二〇〇一
『はこだて歴史散歩』北海道新聞社編　一九八二

『幕末遊撃隊』池波正太郎　集英社文庫　一九七七
『古い日々——さる日、さる人、さる町の』中村嘉人著　未来社　一九九四
『北海道「海」の人国記』伊藤孝博著　無名舎出版　二〇〇八
『北海の三球人』伏見敏郎著　函館春秋社　一九五六
『燃えよ剣』司馬遼太郎　新潮文庫上下巻　一九七二
『THE HAKODADI』市立函館博物館

		開港。
		9月　オランダにも下田、箱館を開港。
		12/21　幕府、下田で日露和親条約に調印、下田、箱館、長崎を開港。
		エトロフ、ウルップ島間を国境とし、樺太を両国の雑居地と定める。
		第二次直轄時代
1855	安政2	2/22　幕府、松前氏の居城付近を除き、全エゾ地を上知させる。
		3月　フランス艦隊下田来航、イギリス艦隊箱館入港。
		5月　幕府、鋳銭箱館通宝を鋳造する。
1858	安政5	6/15　日米修好通商条約調印。
		7/10　安政の５カ国条約調印。
1859	安政6	5月　幕府、神奈川、長崎、箱館を開港。露、仏、英、蘭、米諸国との貿易を許可。
1861	文久元	6/2　ギリシャ正教会司祭ニコライ、箱館領事付司祭として来日。
1864	元治元	7月　禁門の変、8月　第１次長州征伐。
1866	慶応2	11月　箱館五稜郭城完成。
1867	慶応3	10月　徳川慶喜、大政奉還を請う。翌日許可、慶喜、将軍職を辞す。
1868	明治元	1月　鳥羽・伏見の戦い（戊辰戦争起こる）、新政府、王政復古を各国に通告。
		3月　西郷、勝と会見し、江戸開城の諒解を得る。
		5月　奥羽越列藩同盟成立、討幕令、上野に彰義隊を討つ。
		江戸を東京と称す。
		8月　榎本武揚、幕府の艦船８隻を率いて脱走。
		9月　明治と改元。新政府軍、会津若松城総攻撃。
		10月　江戸城を皇居とし、東京城と改称（天皇９月出発、１２月京都に帰る）。
		12月　榎本ら、エゾ地平定、五稜郭を本営とする。
1869	明治2	3月　榎本軍、降伏。
		5月　天皇、東京着（東京遷都）。

関連略年表

西暦	年号	
1599	慶長4	蠣崎慶広、徳川家康に拝謁。姓を松前に改める。
1604	慶長9	松前慶広、徳川家康から黒印状を交付され、松前藩誕生。
1785	天明5	幕府のエゾ地調査隊、松前に到着。 翌年、最上徳内ら、クナシリ、エトロフ、ウルップ島を調査。
1798	寛政10	近藤重蔵ら、エトロフ島へわたり、「大日本恵登呂府」の標柱をたてる。
1799	寛政11	東エゾ地の上知を決定（第一次エゾ地幕領時代〜）
1807	文化4	幕府、松前、西エゾ地一円の上知を決定。
1811	文化8	ロシア船長ゴローニンら８人、クナシリ島で捕縛、松前に幽閉。
1812	文化9	高田屋嘉兵衛がクナシリ近海で拉致、カムチャッカへ連行。
1813	文化10	高田屋の仲介で、ゴローニンら箱館より帰国。
1845	弘化2	松浦武四郎、エゾ地を精査。
1853	嘉永6	6月　アメリカ東インド艦隊司令長官ペリー、遣日国使として軍艦４隻を率いて浦賀に来航。 ペリー、国書の回答を明年に延期することを認め、琉球へ去る。 7月　ロシア使節極東艦隊司令長官プチャーチン、軍艦４隻を率い長崎に来航。
1854	安政元	1月　ペリー、軍艦７隻を率い、再び神奈川県沖に来航。 3/3　幕府、ペリーと日米和親条約（神奈川条約）を締結調印し、下田・箱館２港を開く。 5/22　幕府、日米和親条約附録協定（下田条約）を調印。 6/30　幕府、箱館奉行所を再置。 7月　イギリス東インドシナ艦隊司令長官スターリング、長崎に入港。 8/23　幕府、日英和親条約に調印、長崎、箱館を

[著者紹介]
中村嘉人（なかむら・よしひと）
1929年、函館生まれ。大阪大学経済学部卒業。教師、雑誌編集者、会社経営者を経て文筆業に入る。道銀文化財団副理事長、堀江オルゴール博物館常務理事ほか。札幌市民芸術祭実行委員会委員。著書に『ロマノフ家のオルゴール』『古い日々』（以上未来社）『池波正太郎。男の世界』『経営は人づくりにあり』『大衆の心に生きた昭和の画家たち』（以上ＰＨＰ研究所）『定年後とこれからの時代』（長谷川慶太郎氏との共著、青春出版社）『時代小説百番勝負』（筑摩書房）など。

装丁………佐々木正見
カバー題字………題字：中村玲（10歳）、筆者名：中村優希（13歳）
DTP制作………勝澤節子
編集………田中はるか

函館人

発行日❖2013年9月10日　初版第1刷

著者
中村嘉人

発行者
杉山尚次

発行所
株式会社言視舎
東京都千代田区富士見2-2-2 〒102-0071
電話03-3234-5997　FAX 03-3234-5957
http://www.s-pn.jp/

印刷・製本
㈱厚徳社

ISBN978-4-905369-69-1 C0021